心妙招！

暗黑心理術

竊取他人的心、支配對方行動，就是這麼簡單！

ココロを盗む！ブラック人生相談

岸正龍／著
Seiryu Kishi
許展寧／譯

晨星出版

前言

各位讀者好。

我是岸正龍，一般社團法人日本讀心協會理事。

平時以「傳授實用方法」為宗旨，透過書籍、演講、音訊（Voicy）和影片（YouTube）等媒體來傳授「實際派得上用場」的心理術。

本書的中心思想同樣也是「實用」。

世界各地出版了許多心理術的相關書籍，但其中多側重「理論」或「實驗報告」，常讓人覺得「用說的當然好聽，可是根本不實用嘛（或是覺得難以實行吧）」。

別說是幫助為其所困而試圖仰賴心理術的人了，反而還會使大家更加不知所措，讓我無時無刻都在苦思煩惱。

於是我在由自己擔任主持人的川崎ＦＭ電台的廣播節目《偷走人心的暗黑心理術》

中，開了一個《暗黑毒雞湯》的單元，向聽眾徵求難以啟齒的煩惱。

多虧聽眾的支持，兩年來在節目上收集到超過一百件煩惱，我也向所有人介紹了自己實際使用後確實有效的心理術。很多人都向我表示「真的有效」、「心理術好強」等等，讓我收到了最極致的讚美。

這一次，我便從中精挑細選了48則煩惱集結成冊。每則煩惱都搭配了齊藤IKUMI（音譯）老師繪製的精采漫畫，一舉豐富了本書的內容，十分感謝齊藤老師的協助。

好了，我大概就長舌到這邊，差不多準備開始吧？

我們真正的煩惱，通常會暗黑到難以啟齒。

大家放心交給我吧，讓我來為你解開深藏在心底的黑心煩惱。

暗黑毒雞湯正式開幕！

【第4章】暗黑毒雞湯 控制自我篇

【第5章】暗黑毒雞湯 控制他人篇

Black
Life
Counseling

[第1章]

暗黑毒雞湯

商務篇

檔案 01

進公司以來的第一次，業績冠軍的寶座就在眼前。我好想站上頂點。

無論是多麼黑心的方法都沒關係！

投稿人　頂尖先生

回答

無論使出多黑心的手段也想爬上**頂點**！不錯哦～你的熱切渴望打動我了。我現在馬上來教你跑業務的時候，能有效引起對方好奇心的心理術。那就是——

「11分魔法」！

和別人約見面的時候，如果對方告訴你：「明天約9點11分見面。」這時候你會怎麼想呢？

你一定會相當納悶，心裡疑惑地想著：「為什麼要約9點11分？」當天遲到的機率也變得小多了吧。

這就是「11分魔法」。**是利用不上不下的數字來吸引對方興趣，進而付諸行動的心理術。**

也許有人會想：**這麼單純的方法真的有效嗎？**對，真的有效。接下來我要談談某個在加州大學進行的實驗。

實驗人員委託遊民分別以三種方式向路人搭話，調查每個人成功要到錢的機率。

A：僅拜託路人「請給我一點零錢」

B：拜託路人「請給我25分錢」（＊25分美元剛好為1枚硬幣）

C：拜託路人「請給我37分錢」

最後遊民成功要到錢的機率分別是……

A：44％

B：64％

C：75％

差異看來十分懸殊吧。

這是因為不上不下的奇妙數字抑制了對方腦中的異議，最後才會出現這樣的結果。

聽到別人直截了當地說「請給我一點零錢」時，這個嘛……我猜正常人都會自動在心裡反駁「為什麼我要給你錢啊！」，對吧？

不過，一聽到「請給我37分錢」，腦中就會冒出疑問：「咦？為什麼是37分錢？有什麼意義嗎？」這個疑惑會把「為什麼我要給你錢」的反駁拋在腦後，讓人不由自主地掏錢給對方。

我看你似乎對心理術很熟悉，所以我再補充一點：「得寸進尺策略」（從小小要求開始循序漸進，最後說服他人接受困難請求的常見技巧）的效應值（Effect Size）是0.11左右，而「11分魔法」的效應值則有0.27。

這招在跑業務的初期階段特別有效，所以推薦你可以運用一下，設法奪下頂尖業務員的寶座吧！

本回的心理術▼**「11分魔法」**

讓人忍不住好奇的話術能引發對方的好奇心，進而付諸行動。

檔案 02

就算把別人踩在腳下，我也要談成這筆生意。

不管什麼方法都好，請給我一點建議吧！

投稿人　HOMUHOMU

回答

必須負責**商談成交不易**的生意，這真是辛苦你了。

談生意著實讓人厭世。更何況你會像這樣來找我商量，想必過程一定很難說是順利，壓力應該也不小。

我也很想幫忙出一份力，只是投稿內容沒有提到太多細節，實在難以精準地對症下藥。

但是為了多少幫上一點忙，現在就來介紹我在商談場合上經常使用、可以現學現賣的心理術。名字叫做——

「一般來說潤滑劑」！

通常在商談的過程中，我們最需要的就是對方的情報。

無論是多麼微不足道的小事都無所謂，只要得到對方的情報，便能以此作為打破僵局的線索。

但如果反過來站在對方的立場，要是自己的情報受到掌握，就會在協商過程中居下風，所以大家通常不太會在言談間透露訊息。這樣一來一往是談生意的醍醐味，也是讓人傷透腦筋的地方。

舉個具體的例子來思考一下吧。

假設你是賣方，對方是買方，雙方正在商談買賣的價格。

而你們現在正互相試探著彼此的底線。

即使開門見山地問：

「請問貴公司的預算是多少呢？」

「唉呀，畢竟除了預算之外，也要考慮一下其他條件嘛。」

對方也很有可能會故意用這樣的回答來打太極。

這時候可以像是塗上一層潤滑劑，在問題中加上一句「一般來說」！

「一般來說，這項製品在業界的標準採購單價是三千日圓左右。請問貴公司期望的預算是不是也和這個標準差不多呢？」

如此一來，對方便非得對我方提出的數字**做出反應**。想必對方應該會這樣回答：

「不不不，您說的應該是大企業的標準。敝公司的規模又沒那麼大，三千日圓的價格我們吃不消啊。」

看吧，對方說出了自己的期望！

聽到這個答案後，只要趁勝追擊詢問：「那貴公司的預算是多少呢」像這樣打探對方即可。

其實不只是在商務場合上，「一般來說潤滑劑」的問法在任何案例都派得上用場。推薦你在各種場合都實際去試試看。

本回的心理術▼**「一般來說潤滑劑」**。

在問題裡加上一句「一般來說」，就能順勢探出對方的情報。

檔案 03

我是個不擅長拜託別人的主管，請教教我不會被人拒絕的訣竅。

其實我才懶得管下屬的心情！

投稿者　隨波逐流的人

回答

我現在也是跨足經營的實業家，所以非常了解你的辛苦。身為主管都會希望下屬有所成長，所以我們會絞盡腦汁，真心誠意與大家對話，然而下屬卻常常把我們的心意當**耳邊風**，做起事來總是我行我素。這實在……實在是讓我感到相當慚愧。

但是看到你即便如此，仍然毫不氣餒地想要繼續指導下屬，讓我深深受到感動。儘管交給我吧！這裡有個最適合你的心理術，那就是——

「理由依附」！

關於「理由依附」的中心思想，是美國心理學家艾倫・南格（Ellen J. Langer）博士在圖書館進行的實驗。在排隊使用影印機的隊伍中，南格博士安排實驗人員向排在前面的人拜託：「不好意思，我只要印五張，能不能讓我先印呢？」

在這個時候，有60%的人會回答「好啊」，同意讓實驗人員先行影印（美國人真善良啊）。

接著以這個數字作為前提，南格博士請實驗人員分別以下列兩種方式來拜託他人。

A：「不好意思，我需要影印五張，因為我有一點急，能不能讓我先印呢？」

B：「不好意思，我需要影印五張，因為我非印不可，能不能讓我先印呢？」

慢著慢著，如果是「因為有一點急」倒還可以理解，「非影印不可」**根本就不構成理由**。我本來以為這種話術應該不會產生什麼改變，但結果卻出乎我的預料！

A：94%

B：93%

如數字所示，對方的同意率一口氣向上成長，幾乎所有人都願意讓實驗人員先影印。

令人驚訝的是，A和B的數字竟然差不了多少。也就是**比起直截了當地說「能不能讓我〇〇？」，像這樣加上理由，改成「因為〇〇，能不能讓我〇〇？」的說法更容易打動人心，讓人願意點頭答應**。無論那個理由是否過於牽強，有沒有直接關聯都無所謂！

所以，要拜託下屬做事的時候，請記得一定要加上理由。即使是毫不相關的理由也無妨，加上「任何人一聽就懂的事實」才是重點。例如你希望下屬留下來加班的時候，可以這樣說：

「因為今天是星期四，請你留下來加班。」

「因為明天是發薪日，請你留下來加班。」

如此一來，下屬點頭同意的比例一定會一口氣上升。

本回的心理術▼**「理由依附」**。

希望他人答應自己的請求時，記得一定要加上理由。

檔案 04

我是自由工作者，請傳授我在談工作時，能拉高接案薪資的心理術。

即使必得耍心機也無妨，
我就是想拉高薪資！

投稿者　總有一天卡馬龍

回答

自由工作者在談薪資的時候真的很辛苦。

以前我也當過一陣子自由接案的設計師，現在的講師職業也像自由工作者一樣，所以我很明白你的心情。

舉例來說，我在當設計師的時候就有人對我說「**免費**幫我做一做啦」，**讓我氣得七竅生煙**；我有個在當算命師的朋友，也常向我哭訴有人叫他「**免費**幫我算一下嘛」。

現今的日本，大家只要一聽到是自由工作者，態度便會變得相當不以為然，有不計其數的人試圖無償利用我們的技術、能力和時間。當談到價格時，我也切身體會到很多人都是能殺價多少是多少。

正因為有了這些經歷，我才會希望你透過談薪資的過程，成功獲得甜美的果實。讓我以午間特餐的例子來講解這次的必殺技（因為不曉得你的工作內容，先以通用性為優先）。

有家餐廳位於鄉下車站的附近，店裡提供了六百日圓和八百五十日圓的午間特餐。站在老闆的立場，他比較希望八百五十圓的午間特餐能夠熱賣，但是八成的客人都是點六百圓的特餐……

傷透腦筋的老闆便跑來找我商量，問我「能不能幫忙想點辦法」。

當時我傳授給老闆的心理術就是這個——

「DECODECODECOY」！

DECOY在英文中是誘餌的意思。

如果要如自己所願地賺錢，必須另外準備作為誘餌（較為昂貴）的選項。

現在再回到剛才的餐廳案例。

我向老闆提出的建議就是「推出一千兩百圓的午間特餐」。

而且那必須是選用高級食材，或是需要耗費長久時間準備，有正當理由讓客人覺得「會這麼貴也是沒辦法」的一千兩百圓午間特餐。

老闆半信半疑地加了松露和魚子醬等等，讓人一目了然的幾種高級食材，推出了限定十份的一千兩百圓午間特餐。

結果一推出，選擇八百五十圓特餐的人頓時增加到68%，一千兩百圓特餐也每每銷售一空，讓老闆成功喜迎1.4倍營業額的甜美果實。

人有個一看到「合理的高價品」，便會不由自主地調高個人價格標準的心理機制。

所以如果要拉高接案薪資，記得事先準備好「巨大的誘餌」。

本回的心理術▼「DECODECODECOY」

如果想要拉高金額，記得事先準備好比目標高上好幾倍數字的選項。

檔案 05

我是業務員，每當第一次拜訪新客戶時都談得很愉快，但最後總是沒有下文。

請傳授我魔法技巧，
讓我能夠再度約到客戶。

投稿者　抬頭向上看

回答

十分感謝你的投稿。既然客戶**無法一次就談攏**，是不是代表還有其他競爭對手，又或者貴公司是販賣高價的商品或服務呢？

無論是哪一種情況，當自己好不容易約到新客戶，並傾全力地做了說明，最後卻以「謝謝您的說明，真的很有參考價值。之後有需求時會再聯絡貴公司。」作為結束，肯定會覺得**空虛**吧……

我以前年輕的時候跑過業務，十分了解這種空虛的心情，也真心敬佩你能積極面對逆境，主動向我求問。

這樣的話，就讓我傳授這個心理術給你吧——

「約定就在YES後」！

關於這個心理術的基礎，是出自於美國南衛理公會大學的丹尼爾．霍華（Daniel J. Howard）博士進行的推銷員實驗。

在實驗中登門推銷餅乾的時候，霍華博士會向住戶表示：「部分收益會作為捐款，幫助飢寒的人們能得到溫飽，希望您務必購買。」

為了作為參考標準，一開始推銷的時候僅向對方說了上述內容。

在這個情形下，有18%的人願意購買餅乾。

接著霍華博士換成先以美國常見的方式打招呼，之後再向住戶說明主旨。也就是先開口詢問：「您今晚的心情如何？」在對方回答「不錯」之後，再以同樣的台詞向對方推銷商品。

結果真是太不可思議了。

僅僅只是多了一個步驟，竟然增加了將近兩倍，有多達32%的人願意購買餅乾！

換句話說，**想從對方口中得到「理想答覆（YES）」的關鍵，就是事先提出一定能獲得「肯定答案（YES）」的問題**。

但是即使我這樣介紹，對於非美國人的你我來說或許很難理解。

在美國文化中，大家對任何人都能輕鬆地打招呼說：「How are you tonight?」被問到的人也會自然地回答：「Good, thank you.」這只是普通的客套話，每個人都會這樣寒暄來往。

但在一回答「肯定答案」後，人持有的心理機制會引發**「一致性法則」**的現象，因此即便是如此簡單的客套話，人往往會忍不住對下個問題繼續回答「肯定答案」。這個道理無論在美國還是日本——不，應該說是萬國都能通用。

所以我建議你下次談生意的時候，不妨先提出能獲得「肯定答案」的問題。比方說你擅長聽取客戶的需求，那就可以這樣問道：

「今天非常感謝您抽出時間。您還滿意我的介紹嗎？」

在對方回答「肯定答案」之後，你可以說：

「那下次要約什麼時候呢？」

推薦你試著這樣趁勝追擊看看。

本回的心理術▼**「約定就在YES後」**

對方的「肯定答案」，是讓我們獲得「理想答覆」的重要助力。

檔案 06

我在辦公室被同事當空氣了。該怎麼做才能至少在打招呼的時候得到回應呢？

請教教愚鈍如我之人也能學會的心理術吧。

投稿者　假面笑容

回答

想必你一定很痛苦吧……

其實我讀小學的時候曾經遭受霸凌，有一陣子也和你一樣被當成空氣。

所以我能切身地體會你的痛苦。

正因為能夠體會，因此這次不是要介紹心理術，而是要正面答覆這個問題。

我希望你捫心自問一下：**「和同事打招呼時，自己真的希望對方至少有個回應嗎？」**

我會這麼問，**是因為脫離現況的最佳方法，就是「不管發生任何事，依然持續面帶笑容地向大家打招呼」**，而且這做起來是超乎想像的痛苦。（個人經驗談）

即便被人當成空氣，被惡言罵噁心，或是被人當成笨蛋和笑柄，你仍然要笑臉盈盈地打招呼。這是一條艱難刻苦的道路，你有辦法在這條路上堅持下去嗎？

而且說實在的，我並不建議在這種狀態下使出心理術。

因為一旦被發現，便會落入無法挽回的局面。

我就知道好幾個在同樣狀況下使用心理術，但最後被人拆穿，人際關係完全瓦解的案例。

正因為如此，我才希望你可以仔細想一下。

想想自己是不是即使要承受莫大的痛苦，也希望至少在打招呼的時候能得到回應。

如果你能夠立刻回答「是」，那我也不會出手阻止。儘管這是一條**佈滿荊棘的路**，但無論在什麼情況下，也請你持續面帶微笑地向同事打招呼。若你的決心是來真的，一定有辦法感化那些把自己當空氣的人們吧。

不過，如果你無法立刻回答，**選擇「繼續被當成空氣」也不失為一個好方法**。

即便繼續被當成空氣，在職場上也是會有更換座位的機會，又或者一整天不跟任何人說話，其實根本不會影響工作也說不定。

簡單來說，就是要清楚地**公事公辦**。

這種做法或許也比較能讓你安定情緒。

我也知道有些人在經過思考後，下定決心的那個瞬間，便從此不再在乎被當成空氣的。

所以為了讓自己保持心情愉快，我強烈建議你先好好傾聽自己的心聲。

本回的心理術▼**無**

不要讓自己受到外在因素影響，以安定情緒為優先。

檔案 07

超知名大師表示要付一百萬日圓才能向他拜師學藝，讓我十分煩惱。

我真的很想放手去做，
可是我該怎麼辦才好？

投稿者　知更鳥

回答

竟然要一百萬日圓，這位大師也很敢開口耶。

我能明白你不知道如何是好，猶豫不決的心情。

看到你沒有因為覺得「一百萬日圓實在太貴」就立刻打消念頭，而是跑來找我商量的舉動，便證明你其實對此事抱持**積極的態度**，讓我深感佩服。所以我這次要傳授給你的心理術就是——

「體內平衡別煩我」！

所謂的體內平衡（Homeostasis），指的是讓身體維持恆定狀態的機能。

我們的身體會自動認定**「一如往常」**才是正確狀態，因為只要「一如往常」，存活的機率會比「異於往常」的情況還高。

例如體溫。

相較於發燒，維持正常體溫的時候比較容易保住性命吧。所以當人一發燒，體內平衡便會開始運作，試圖讓身體恢復到正常體溫。

像心跳還有血壓等等，同樣也適用這個現象。

體內平衡對人的心情也會有反應。

具體來說就是會提醒我們：**「不要接觸新事物！」**

只要今天過得和昨天一樣，平安迎向明天的可能性會比較高。

然而一旦開始嘗試新事物後，不但有可能挑戰失敗，也許還會讓日常生活出現巨大改變……。

換句話說，若以能否平安迎向明天的觀點來看，新事物就代表有危險性。

正因為如此，當體內平衡在阻止我們挑戰新事物時，便會開始吵著「為什麼要做這種事」、「和昨天一樣就好了吧」、「快停止這種行為」，試圖讓自己選擇放棄。

那我們該如何打破體內平衡，讓自己有所成長呢？

直截了當地說就只能改變環境了。

例如，一般認為：「自己的年收會與五位好友的平均年收相同」。

所以若想提高自己的年收，那只能換掉身邊的朋友了。

如果不改變自身環境，便難以打破自己的體內平衡。

現在的你正在猶豫不決，你的直覺在告訴自己應該要拜這位大師為師；然而同一時間，體內平衡也在吵著「維持現狀即可」。

想要有所成長的話，就放手去做吧。

一百萬日圓當然不是一筆小數目，我也是經過慎重考量之後才這麼回答你。只要那位大師並非「不肖術士」，我相信你的人生一定能夠開花結果。

本回的心理術▼**「體內平衡別煩我」**

了解面對挑戰的最大阻礙就是自己。

第1章介紹的暗黑心理術（總整理）

「11分魔法」

▶▶讓人忍不住好奇的話術能引發對方的好奇心，進而付諸行動。

「一般來說潤滑劑」

▶▶在問題裡加上一句「一般來説」，就能順勢探出對方的情報。

「理由依附」

▶▶希望他人答應自己的請求時，記得一定要加上理由。

「DECODECODECOY」

▶▶如果想要拉高金額，記得事先準備好比目標高上好幾倍數字的選項。

「約定就在YES後」

▶▶對方的「肯定答案」，是讓我們獲得「理想答覆」的重要助力。

心理術：無

▶▶不要讓自己受到外在因素影響，以安定情緒為優先。

「體內平衡別煩我」

▶▶了解面對挑戰的最大阻礙就是自己。

Black
Life
Counseling

[第2章]

暗黑毒雞湯

戀愛 男性篇

檔案 08

雖然對方是個難以高攀的女神，但我就算不擇手段也想追到手。

請教我派得上用場的技巧吧！

投稿者　燃燒的心

回答

就算不擇手段也想追到手！

看到你專情得如此不顧一切，讓我也不禁被你感化了。

雖然我本來想要留一手，但還是把這個能擄獲各類女生芳心的必殺心理術傳授給你吧，那就是——

「貓狗複寫」！

我先來介紹一下作為這個心理術基礎的實驗。

美國心理學家西奧多·紐康（Theodore Newcomb）博士找來17名入住宿舍的學生作為受試者，在分配宿舍房間的時候進行了一場實驗。

紐康博士以入住宿舍的時間點作為分界，讓對於宗教和種族問題看法不同的學生的房間相鄰，並調查大家在這之後會和誰變得要好。根據調查結果，發現學生們會與鄰近房間的人較為熟識。

不過，半年之後再度進行同樣調查，可得知無論房間距離相隔多遠，思想相近的學生彼此之間會變得比較要好。

這個現象在心理學上稱為**「相似律」**（Law Of Similarity）。人具有**「容易對相似的人抱有好感」**的心理機制。利用這個相似律與女生拉近距離的心理術就是「貓狗複寫」。

我來具體說明一下吧。**請你先向自己鎖定的對象詢問：「現在大家會分貓派和狗派，你比較喜歡貓還是狗呢？」**

接著你要順著女生的答案，像這樣表現出自己深有同感：

「這樣啊！我也是耶！」

這是在內斂地主張「我和你很像」的意思。

接著，就是再繼續打探得更深入。

假如對方的答案是「狗」，你便可以問：「你比較喜歡大型犬還是小型犬？」

要是女生回答「小型犬」，你可以感同深受地說：「果然還是小型犬可愛！我和你一樣耶！」同時再問道：「那短毛狗和長毛狗，你比較喜歡哪一種？」

聽到對方回答「短毛」，你同樣再回答：「就是說啊！我也是！」

簡言之，就是用超級肯定的態度把對方的答案全部複製回去。

如此一來，「容易對相似的人抱有好感」的心理機制便在對方心裡開始運作，對你產生好感的機率會一口氣往上飆！

如果女生是貓派的話也請依樣畫葫蘆，即使回答不同動物時也是一樣。

請你從頭到尾都要貫徹「對啊！我也一樣！」的立場。

若要使用這招「貓狗複寫」，你對貓狗或其他動物當然要有一定程度的認識，不過這對專情的你來說，肯定只是小菜一碟吧。

期待你的成果哦！

本回的心理術▼**「貓狗複寫」**

接近對方的捷徑就是不斷重複「我也是！」。請你換成客觀的角度，將這個方法當作自己的課題吧。

檔案 09

我現在的收入頓時跌入谷底，但因為我太愛女友，反而無法對她說出實情。

我該如何向她坦白真相呢？

投稿者　NAOTO

回答

你真是個溫柔的人啊。
即使跌落人生谷底，卻依然在為女友著想。
我一定會讓你的溫柔獲得回報，雖然得在你的傷口灑上一點鹽，但這都是為了成就你的幸福，希望你暫且忍耐一下。

現在我希望你先思考一下：
對你們兩人來說，說出實情真的是必要之舉嗎？
不，我再說得直接一點好了：
對女友而言，她應該要知道這個真相嗎？

其實你默默在期待著自己坦白真相後，女友會「鼓勵自己」、「安慰自己」吧。我當然不是在責怪你，任何人都會有這種情緒，這是很正常的事。
不過，我希望溫柔的你能再多考量一下女友的心情。

就算女友得知這個真相，她也愛莫能助。

她或許還會對無能為力的自己感到悵然若失，甚至**責備自己**也說不定。

你是想讓女友變成這樣嗎？

應該不是吧？

……就是這麼回事。

不讓女友知道自己悽慘的一面，並設法從谷底翻身。

這才是你真正想做的事吧？

那該怎麼做才好呢？

我就把**「弄假成真」（FAKE IT）**的心理術傳授給你吧！

請你在女友面前假裝（FAKE）「自己沒有跌落人生谷底」。你要完全騙過女友，徹底地演到底。

首先請你把跌落谷底前的生活模式，盡量鉅細靡遺地寫出來吧。

以前的自己是早上幾點起床，一開始會有什麼舉動，會說什麼話，接著再做什麼事呢？請你一邊寫出這些，一邊用力想像當時的自己，再裝模作樣地做出那一切吧。你不只要騙過女友，還要連自己也一起騙倒，努力達成完美的偽裝（並不是要你在花錢的時候打腫臉充胖子，不需花錢的部分反而才是關鍵，在免錢的地方裝到徹底！）。

弄假成真能觸發行動力和信心，行動力和信心則會招來運氣，進而改變結果。

為了讓女友放心而弄假成真，也能讓你的人生從谷底翻身。

你可能不敢相信，但我就靠著這一招重獲新生好幾遍（如果有人想了解細節，請參考拙作《狡猾的話術》第3章）。建議你一定要試試看哦。

本回的心理術▼**「弄假成真」**

想讓人生重新出發，就徹底模仿巔峰時期的自己。

檔案 10

我好怕當面告白之後被對方拒絕，一般人會接受用 LINE 告白嗎？

我好怕對方跟我說「抱歉」……

投稿者　鰹魚

回答

想進行愛的告白……這真的需要拿出勇氣吧，我能理解你的心情。告白失敗的打擊之大……我也十分明白這種感受。其實，我是個經驗老道的過來人，正因如此，讓我來誠心誠意地回答你。

首先，我要問你一個問題。

寫情書給心上人的時候，你覺得**使用簡訊**（透過文字表達）和**語音訊息**（透過聲音表達），哪種方式比較容易得到理想答覆呢？

印第安納大學凱萊商學院在2016年的實驗中找到了解答。當時召集了72名學生，並將學生分成兩組來進行實驗。在實驗中安排其中一組學生用簡訊傳送愛的告白，另一組則是透過語音訊息表達愛意。

研究團隊分析了所有人的文章和聲音，也解析了告白對象的反應，最後發表了簡訊的內容——也就是文字比聲音更顯真誠的結論。

研究團體認為原因在於「**文字比較容易放入感情**」。

為了避免誤會，或是找出其他更適合的表達方式，一般人在發送文章前都會經過一番琢磨。

情書也是同樣的道理，和語音訊息相比，文章更適合表達自己的心意，容易在對方心中留下好印象。

綜上所述，用LINE告白完全沒問題！

那要怎麼寫才好呢？讓我來告訴你由研究團體整理，透過情書傳達心意的五大撰寫要點：

「表達心意五要點」！

1. 寫下與對方的共同體驗，以及對於該體驗的心情。
2. 寫下自己當時發現到對方有什麼優點。
3. 在文中表達能與對方相識的謝意。

4. 也要老實寫下擔心會造成對方困擾的不安心情。
5. 記得提及與對方的未來發展。

假如你要傳訊息給聯誼時坐在自己旁邊的女生，內容就是這種感覺：

「很高興今天能坐在你旁邊。
○○的笑容很甜美，讓我不自覺地感到放鬆。
也感謝你願意聽我吐苦水。
所以我很擔心自己會不會占用到你的愉快時光。
之後換我聽你吐苦水了。下次請讓我多聽聽你的事！」

＊如果是用ＬＩＮＥ的話，記得將文字換行成容易閱讀的格式哦。

本回的心理術▼「表達心意五要點」

琢磨文字的時候記得注意這五大要點，讓對方更加明白自己的心意。

檔案 11

我現在正在劈腿，所以我想確認另一半對我說「你高興就好」的真正用意。

有什麼方法可以讓對方敞開心房呢？

投稿者　般若

回答

看來你每天都過得很難受吧，無法看穿對方用意的不安，**被折磨得生不如死**的痛苦……我非常明白你的心情。

在類似案例中，通常都是不管自己怎麼問，對方也不願意透漏半句真心話。這很有可能是因為對方「關上了心房」，也或許是另一半本人還無法用言語來表達「真正的心情」。

我要為如此煩惱的你推薦的是──

「EXJ」！

「EXJ」指的是「Exchanging a Journal」，也就是交換日記的意思。

用文字呈現心情的方式，在心理學上稱為「表達性書寫」（Expressive Writing）。被譽為是該領域最高權威的德州大學博士詹姆斯・彭尼貝克（James W. Pennebaker）曾表示表達性書寫具有多項效果，而其中一項便是「舒緩負面情緒，提升幸福感」。

簡而言之，「**書寫是一種能讓人幸福，簡便又有效的心理術**」。

「ＥＸＪ」是透過名為「交換日記」的表達性書寫，也就是以文字表現心情的方式在運用著這個心理機制。為了讓對方吐露心聲，你必須要注意3個重點。

1. 動手書寫

表達性書寫是指在紙上書寫的意思。因為透過手書的動作，才能為大腦帶來強烈刺激。也許你已經習慣用電腦或手機打字，但是這招「ＥＸＪ」必須親自用原子筆或鉛筆來書寫。

2. 寫出六百字以上的內容

如果你寫過日記，我想你應該知道光是寫下當天的流水帳，就能差不多寫出三百字左右，再接下來寫的才是正視自己心情的內容。所以請你至少寫到六百字，書寫時間以二十分鐘內寫完為目標吧（彭尼貝克博士也表示寫到二十分鐘時，便能看到表達性書寫的效果）。

3. 不要輕言放棄

這是最重要的一點。

即使你一開始就寫出六百字，我猜對方應該也只會回覆幾行字給你，又或者是滿篇怨言的落落長文章。

但你也不能受挫，無論對方回覆什麼樣的內容，你依然要持續寫出六百字以上的文字，並在後半段闡述自己的心情。如此一來，另一半寫的字數也會逐漸增加，藉由書寫明白自己的想法，提升內心的幸福感，並開始在你面前敞開心房。因為人心的結構就是如此（這在心理學上稱為**「表達性書寫的相互性」**）。

雖然這是一段有點辛苦的旅程，但我保證效果十足。

首先第一步，就從尋找喜歡的筆記本開始吧。

本回的心理術▼「EXJ」

如果想一掃心中的煩躁，讓自己變得幸福的話，就動手書寫文字吧。

檔案 12

收到情人節巧克力的時候，有沒有可以讓我當場親吻對方的方法？

這是巧克力，請收下吧！
謝謝你
啾
這就是我的回禮喔
這只是人情巧克力耶！
你幹嘛性騷擾啊!!?
啥!?
我這也是做人情的吻啦！
那兩人感情真好啊

我想在不會被討厭的前提下當場親吻對方！

投稿者　銀色之星

回答

在這個社會上，從0前進到1是最需要費一番工夫的大工程。所以以力學的理論來看，利用收到巧克力的機會順勢親吻對方的流程確實正確，你果然很懂耶！

能看透這一點的你想必深具潛力，那我就把需要心理側寫的技巧，具有一點難度的心理術傳授給你吧。名字叫做——

「攻守側寫」！

在我主導的潛意識心理學研究所，總是夜以繼日地在研究順利誘導人心的方法。其中最基本的元素就是「**共鳴、包容、肯定**」（以下作「共包肯」）。

無論什麼樣的心理術或心理側寫，只要少了「共包肯」便發揮不了作用。不，要是在沒有「共包肯」的情況下使用心理術，很有可能會讓你的人際關係徹底瓦解。

這個案例也是一樣。在收下巧克力之後，請你要記得立刻表現出「共包肯」，具體來說就是這種感覺：

「謝謝你，我好開心！如果是我的話，一定得鼓起很大的勇氣才辦得到。〇〇，我感受到你送我巧克力的心意了，真的讓我覺得好高興！」

表現完「共包肯」之後，便像這樣繼續說下去吧：

「我現在立刻就想回禮給你，方便占用一點時間嗎？」

這是確認機會的動作。如果你的目的是立刻送上吻，萬一對方沒空的話就沒轍了。

而且當對方先在這時候回答「肯定答案」，**「一致性法則」**便會在心裡開始運作。只要事先回答了「肯定答案」，就算接下來提出稍微強硬一點的請求，對方也會願意聽你說完，所以請一定要記得做好這個確認。

同一時間，你還要分析對方是「不擅長拒絕」還是「意志堅定」的類型。「攻守側寫」是依據分析結果，來決定該使用兩大王牌談判技巧的**「得寸進尺策略」**[1]還是**「以退為進策略」**[2]。

經過分析後，得知對方是「不擅長拒絕」的類型：

不擅長拒絕的人不太懂得如何回絕，所以在聽到「可以接受的請求」時，會有忍不住同意的傾向，所以「得寸進尺策略」能發揮絕佳效果。請你試試下述的具體流程吧：

「謝謝你，我覺得好開心。」

「我現在就想立刻送你回禮，方便占用一點時間嗎？」（「可以。」）

「那請先和我握個手，讓我表達滿心的謝意吧。」（握手。）

「這樣感覺真棒，心裡變得好溫暖。其實我也很在意你，所以我真的很高興能收到你的巧克力，和你握手也讓我好開心。我可以抱你一下，再多體會一下這股感覺嗎？」（擁抱。）

接著你可以順勢凝視對方的眼睛，確認到同意的暗示後就親下去吧。

經過分析後，得知對方是「意志堅定」的類型：

當意志堅定的人碰到不合意的事情時，一般都會選擇拒絕。反過來看，這種人對於拒絕的罪惡感會比不擅長拒絕的人還要沉重，所以「以退為進策略」會顯得效果十足。比方來說，請你依照下述流程來親吻對方吧。

「謝謝你，我覺得好開心。」

「我現在就想立刻送你回禮，方便占用一點時間嗎？」（「可以。」）

「請你去飯店吃晚餐怎麼樣？」（「有點不太方便。」）

「其實我也很在意你的事，所以我真的很高興能收到你的巧克力。晚餐的事，你要不要再考慮一下？」（「還是沒有辦法。」）

「也是啦，的確有點唐突。抱歉，因為我太想再多認識你了。但是不用急，我可以再慢慢了解你。所以現在先……」

接著你可以順勢凝視著對方的眼睛，確認到同意的暗示後就親下去吧。

本回的心理術▼**「攻守側寫」**

能攻則攻，不然就轉攻為守。配合對方的個性來使用心理術。

（1）：「得寸進尺策略」

這個心理術是先請對方答應微小的請求，之後再提出比較巨大的真正請求。例如當你想向公司同事借五千日圓時，下述的拜託方式就是得寸進尺策略。

「我忘了帶錢包，可不可以借我一千日圓買午餐？」

「謝謝你。對了，因為我還要加值悠遊卡，請再借我兩千日圓……還是麻煩你直接借我五千日圓比較好計算！」

（2）：「以退為進策略」

這個心理術是以被拒絕作為前提，先提出難以接受的極端請求，接著再請對方答應比較微小的真正請求。以剛才向同事借五千圓的情況為例，便會變成下述的模式。

「我忘了帶錢包，請你借我三萬日圓吧，我今晚還得去約會！」

「也是啦，這樣太突然了。那借我五千日圓買午餐和加值悠遊卡吧！」

檔案 13

我太介意女友的前男友了，我想確認他們到底有沒有分乾淨。

我該如何確認呢？

投稿者　悄悄狸貓

回答

「男人總想當**『第一個男人』**，女人則想成為**『最後一個女人』**。」

這是劇作家奧斯卡·王爾德的名言。反過來看，這句話正說出男人是個會介意過去的動物。能理解你有多麼苦惱的我，現在就要傳授國家級組織用來測謊的心理術，那就是——

「可能性疑問」！

請你先反向思考，想像一下「自己與前女友私下偷偷見面」。

在這個狀況下，如果女友問你「還有沒有和前女友見面」，你會做何反應呢？

你的腦中會冒出什麼呢？

女友只是在試探我，還是她已經握有實際證據了？如果真有證據，那會是什麼內容，又詳細到什麼地步？你會像這樣在意對方手上的情報，並且為了應付這個場面，思考起最安全的答案——我猜你應該會開始為此爭取時間吧。

實際心生動搖的人，會試圖奪取更多思考時間。

說得具體一點，像是會以問題回答問題：「為什麼要這麼問？」或者用發脾氣來掩飾：「你竟然懷疑我，太過分了！」抑或是拿起電話，假裝有急事要聯絡：「抱歉，我打個電話，我們晚點再說。」

以此次的投稿情況為例，如果女友沒有立即回答「前男友？怎麼可能」，而是做出爭取時間的舉動，這幾乎等於是有問題了。

不過萬一對方也經驗老道，當然知道爭取時間的作為容易讓人起疑，所以當下就會馬上否定。

比方來說，一被問到「有人看到你和前女友走在一起……」，就算自己真的做了虧心事，仍會立刻回答「不可能、不可能！到底是誰亂說話啦（笑）」。

但是！「可能性疑問」可不會放過這種人。

「你覺得可能會有人看到你和前女友走在一起嗎？」

請你像這樣針對可能性來發問。

一旦被問到可能性，人的心理機制會讓自己主動想像起各種畫面，開始思考著「是什麼時候的事？」、「是在哪裡？」、「被誰看見了？」等等。無論是多有經驗的人，最後都會在這個時候忍不住詞窮，開始設法爭取時間。

如果你想知道真相的話，可以鎖定女友早上剛起床，或是沖完澡後的放鬆瞬間，趁她鬆懈的時候這麼問道：

「你覺得可能會有人看到你和前男友聯絡嗎？」

本回的心理術▼**「可能性疑問」**

做了虧心事的人一旦被問到可能性，會忍不住設法爭取時間。

檔案 14

我的病嬌女友只要一發狂，總會哭著說「都是人家的錯吧」，讓我快受不了了。

要怎麼做才能阻止她發狂呢？

投稿者　病嬌女友的男友

回答

病嬌，這是「病態」與「嬌羞」的合成詞，是指「因為太愛某個人，導致心靈陷入病態的情形」。既然你是病嬌女友的男友……同樣身為男性，我能明白你的心情，也純粹對你深感佩服。為了減輕你的負擔，我要驅使所有知識來回答這個問題。

首先關於心理術，我希望你事先了解兩大方向——「預防爆發的防範對策」以及「爆發時的應對方法」。

我先來傳授防範對策吧。

簡而言之就是**「共包肯」**。你要懂得共鳴、包容和肯定。

病嬌的人最需要共包肯了。心上人的共鳴、需求和肯定，也可說是他們的生活養分。當自己感受不到足夠的共鳴和包容時，情緒便會開始爆炸。所以你可以將女友的發狂行徑，簡單想成是「缺乏共包肯」的緣故即可，並請你隨時提供「共包肯」進行預防。

只是這些寫起來雖然簡單，對男性來說卻是艱難之舉。

首先假設女友是個嫉妒心很強的人好了。她的嫉妒都是妄想，雖是妄想，要是放著不管的話，總有一天還是會超越承受的極限。為了防止這個情況，你會對女友產生什麼共鳴，包容並肯定她什麼呢？（請你暫時停下閱讀，仔細思考看看。）

如果是我，我會說：「抱歉，竟然讓你這麼難受不安」針對早在嫉妒之前就存在的「不安」感同身受；接著說出「有你這麼愛我，我真是太幸福了」，藉此接納嫉妒的情緒；最後再以一句「謝謝你陪在我身邊」來肯定女友的存在。

你可能會覺得「這也太辛苦了吧……」，沒錯，同為男性的我也覺得很不容易，但是請你記住這些用心的舉動，就是**不讓女友發狂的心理術**。

那要是女友已經突破極限，開始發狂的話怎麼辦？

此時要使用的心理術是——

「催產素出來吧！」。

在擁抱自己喜歡的物品，或是被喜歡的人擁抱時，女性體內會分泌出名為「催產素」（Oxytocin）的成分。

「催產素」又別名「愛情荷爾蒙」或「幸福荷爾蒙」，**只要分泌出「催產素」，女性會進入「舒適」的狀態，讓情緒開始緩和下來。**

要是女友發狂了，你就緊緊抱住她。

這招看似簡單，卻是最強的方法，請你實際試試看吧。

本回的心理術▼**「催產素出來吧！」**

若要安撫情緒激動的女性，最佳方法是緊緊抱住對方。

檔案 15

年紀比我小很多的女友迷上了年輕男子的肉體。雖然我正在與她修復關係，但我還是覺得很自卑。

我該如何找回自尊心呢？

投稿者　紳士未滿

回答

這個情況……實在教人難受吧。

要是女友說她「不小心被年輕男子的肉體吸引」，這句話聽來就像是在否定身為「雄性」的自己一樣。假如被比較的是財產或知識，這種能夠補強的問題倒還可以設法扳回一城，然而被比較的卻是無論多麼努力都無法抗衡的年紀……我一定會傾全力助你一臂之力（淚）。

現在請你把手先放在胸前，摸索看看自己是**「對什麼感到自卑」**（雖然這會讓你很難受，麻煩你體諒一下）。

從字面上來看，你似乎是對「年紀」感到自卑，但事實並非如此吧。當你探入心底之後，便能知道答案是「輸給年紀的自己」。再說得更清楚一點，就是「無法滿足女友需求的自己」才對吧？

既然如此，這個心理術便能幫你掃除那股自卑感。名字是——

「鳥眼判斷」！

請你先以鳥的視角來俯瞰自卑的自己，因為當你陷入自卑感時，就沒辦法除去那股自卑感了。

再來，就是把自卑當作一項課題，這是能幫助跳脫「不行啊，我真是沒用」的循環，改從「該怎麼做才能改善」的視角來思考。

舉例來說，如果你是不擅早起的人，你要思考的不是「無法早起的自己真沒用」，而是將視角改成「該怎麼做才能早起」。

了解自身的課題後，剩下的就是付諸行動了。在實際行動時，自卑感便會逐漸消失。

以投稿的案例來看，若你感到自卑，就依照下列順序來試試看。

「平常那股自卑感又來了。我現在覺得無敵自卑。」（**俯瞰自卑的自己。**）

↓

「這種時候該怎麼做才好？對了，是把這種情況當成一項課題吧。那我現在的課題是

什麼？」（**將自卑當作一項課題。**）←

「就是我的肉體無法滿足女友。如果要解決這個課題，我只要滿足女友的需求即可。好，我明白了！首先第一件事，就來找找看自己有什麼不足的地方吧。」（**為了解決課題而行動。**）

以這樣的過程決定好行動後，便若有似無地向女友打聽一下吧。

假如自己不夠健美的話就練肌肉，是持久力的話就練持久力，是技術的話就練技術，像這樣實際行動後，你的自卑感總有一天就會默默消失。

另外再偷偷教你一招，在你鍛鍊自己的這段期間，說不定還有機會遇見比現任女友更有魅力的對象哦，你可以默默期待一下。

本回的心理術▼**「鳥眼判斷」**

自卑只是一道待解的問題，透過客觀角度，把自卑當作自己的課題吧。

檔案 16

請教教我能夠順利腳踏多條船的心理訣竅。

只要能順利，我什麼都願意！

投稿者　掛繩門簾

回答

想同時和兩人、三人，甚至是和更多女孩子交往，挑戰一口氣「腳踏多條船」。我太欣賞你了！真是充滿**男人的浪漫**。

為了在這條浪漫大道闖蕩的你，我要介紹能助你腳踏多條船的心理術——

「貼上記憶」！

在多條船之間流連返往時，最危險的就是**「記憶混亂」**。

像某件事曾告訴過這個女生，但是沒有跟那個女生說過，或搞不清楚某家店是跟誰去過等等，這些都是腳踏多條船的「常見情況」。而且我也知道許多因為說錯話，導致悽慘結局的案例。

為了避開這個危機，我參考了「在餐廳廚房收到源源不絕的點餐時，該如何正確記下餐點」的心理學研究。

在現實中，我們時常看到在忙碌餐廳裡，廚師一個人從不同服務生手上接連收到點餐後，不做任何筆記就能完美出餐的模樣。

你覺得廚師究竟是如何記下點餐內容的呢？

令人驚訝的是，研究表示廚師並未詳記點餐，而是利用物品與餐點之間的連結來取代記憶。

我現在來具體說明一下吧。

有家餐廳的廚師是用盤子來管理餐點。廚師會事先決定好「這個餐點用這個盤子」，並在聽到點餐的瞬間準備好盤子，這樣一來，即使不用特別記憶也不會出錯餐。

聽說還有人是排列彈珠石之類的東西，或是把調味粉擺在奇怪地方來管理餐點。

「貼上記憶」就是運用這個原理。

你可以使用不同的「物品」，來防止腳踏多條船的記憶出現混亂。

我最推薦的是手機，因為手機通常是隨身攜帶，看起來一點也不會不自然嘛。

你要做的就是和幾位女生交往便準備幾台手機，藉此區分每個交往對象。接下來就如同前面提到的研究，把曾經做過的事或去過的地方與手機連結起來。這個做法是像把記憶貼在手機上一樣，其實記起來比想像中簡單。

因為不是實際用來打電話，準備假的模型手機也完全沒關係。

但萬一真的記不起來的時候，手機也能使出和心理術完全無關的奧步，像是用拍照或語音做筆記等等，所以建議你選用具備這幾項功能的機種。

本回的心理術▼**「貼上記憶」**

要記下複雜事情的時候，就連結手邊的物品來記憶。

第2章介紹的暗黑心理術（總整理）

「貓狗複寫」

▶▶接近對方的捷徑就是不斷重複「我也是！」。請你換成客觀的角度，將這個方法當作自己的課題吧。

「弄假成真」

▶▶想讓人生重新出發，就徹底模仿巔峰時期的自己。

「表達心意五要點」

▶▶琢磨文字的時候記得注意這五大要點，讓對方更加明白自己的心意。

「EXJ」

▶▶如果想一掃心中的煩躁，讓自己變得幸福的話，就動手書寫文字吧。

「攻守側寫」

▶▶能攻則攻，不然就轉攻為守。配合對方的個性來使用心理術。

「可能性疑問」

▶▶做了虧心事的人一旦被問到可能性，會忍不住設法爭取時間。

「催產素出來吧」

▶▶若要安撫情緒激動的女性，最佳方法是緊緊抱住對方。

「鳥眼判斷」

▶▶自卑只是一道待解的問題，透過客觀角度，把自卑當作自己的課題吧。

「貼上記憶」

▶▶要記下複雜事情的時候，就連結手邊的物品來記憶。

Black Life Counseling

[第3章]

暗黑毒雞湯

戀愛 女性篇

檔案 17

我愛上妹妹的男友了。我該如何瞞著同住的妹妹，神不知鬼不覺地和對方外宿約會呢？

可是我妹的直覺很敏銳，
我該怎麼辦才好呢？

投稿者　黑羊

回答

其實在這個社會，愛上兄弟姊妹的戀人並非罕事，有時候甚至還會不小心鬧大，發展成驚動警方的案件。

關於這一點，在你為了「希望騙過妹妹」來找我商量的當下，就讓我深深感受到你有多麼為令妹著想了。讓我傾全力告訴你「不會被發現的撒謊方式」吧。

這有一個大原則。

謊言會被拆穿，大多是從**「奇怪？好像不太對勁」**開始。

以你的案例來看，出發旅行的那天早上是最危險的時刻，只要你不是詐欺師或心理病態，在瞞著令妹準備和她男友去旅行的當天早上，你絕對會很緊張吧。

從心理機制的角度來看，人的情感與行為（包含口渴和流汗等等，這些無法控制的自律神經反應）具有密切連結，所以當人一緊張，便會不自覺地做出**「別於往常」**的言行舉止，像是「避開眼神」、「講話變快」、「手忙腳亂」都是顯而易見的例子。

畢竟令妹平時與你同住，即使你的作為不如上述那樣明顯，但當你因為緊張而衍生

「別於往常」的舉動時，有很高的機率會讓令妹覺得「奇怪？姊姊今天好像不太對勁」。更何況令妹的直覺又特別敏銳，只要她再向男友做確認……啊啊，接下來就會是腥風血雨的煉獄了（好痛苦）。

這種煉獄當然能避則避，既然如此，請你使用這招——

「真實三明治」！

這是為了不讓令妹覺得「奇怪？好像不太對勁」，**在謊言中穿插真實的心理術**。

以你的案例來看，請你先表示自己要連續三周去同一個地方，例如「去某家飯店進行間歇性斷食」、「參加賑災義工」、「參加磨練自我的講座」等等，並且決定一個不會讓令妹起疑的旅行地點。

接下來，請你如實地在第一周和第三周出門一趟。

——你應該已經明白了吧。與令妹男友的旅行就是夾在其中的第二周。

在和他旅行的那周，你也只要向令妹提及自己在第一周「實際經歷過」的事情即可。

這樣不但可以降低緊張感，讓你做出「一如往常」的舉動，也不會輕易被拆穿。

只是你千萬不能大意。

我猜你一定也會有春心蕩漾的少女心，但是和對方旅行的那天絕對不能改變穿著和行李，如果你無論如何都想換衣服，可以事先把衣服寄放在車站的寄物櫃。你的穿著和舉動，一定要與第一周和第三周完全一樣。

本回的心理術▼**「真實三明治」**

如果想說不會被拆穿的謊，就在謊言中穿插真實。

檔案 18

三年前結束了與前男友的同居生活，現在後悔得要命，希望能和他重新復合。

請告訴我能夠破鏡重圓的心理技巧。

投稿者　念念不忘女孩

回答

三年前分手後依然一直思念著前男友……你的專情實在令我為之動容。為了讓前男友明白你的心意，我就來傳授適合的心理術給你吧。

在那之前我要確認一下，你們分手的時候應該沒有大吵一架吧？假如前男友在分手的時候相當厭惡你，那我很遺憾，若如此無論哪個心理術都幫不了你。因為人的心裡具有**「一致性法則」**，一旦對某個人產生「反感」，就會設法貫徹這個「反感」的情緒。

如果你的情況並非如此，是因為「一連串陰錯陽差而分手」的話——

請你使用**「每日明信片」**吧！

這個心理術的基礎是**「單純曝光效應」**（Mere Exposure Effect）。這個效應是指「即使原本對某事不感興趣或不在行，在重複看過、聽過好幾次之後，最後仍然會逐漸產生好感」，由美國的羅伯特·扎榮茨（Robert Boleslaw Zajon）博士所提出的心理現象。

你在收看連續劇的時候，是否會不知不覺喜歡上自己本來沒有任何興趣的男星（女星）呢？

這個現象正是單純曝光效應。如果你曾經因為反覆聽過好多遍，便愛上某個自己原本覺得是噪音的音樂或廣告的話，那同樣也是單純曝光效應運作的結果。

「每日明信片」是利用單純曝光效應來重修舊好的技巧。

請你如同這一招的名稱一樣，每天都寄明信片給他。

重點不在於與對方接觸的「時間」，而是接觸的「次數」。例如比起一天一口氣相處八小時的對象，我們反而會對連續八天見面，但每天只相處一小時的人更有好感。

所以我才建議你使用明信片。

你不必長篇大論，請在明信片裡寫上與前男友一起度過的快樂回憶，而且一定要每天寄給對方。當前男友天天接觸「曾與你度過的快樂回憶」，他的記憶不但會被重新喚醒，使單純曝光效應發揮效果，對你再度產生好感的機率也提高許多。

其中必須注意的一點，就是一定要使用明信片。絕對不能因為貪圖方便而改用LINE或簡訊。

LINE和簡訊都是平時會用到的工具，要是打亂對方的生活節奏，你很容易會被視為「絆腳石」，別說效果了，甚至還有**被嫌煩**的風險。

然而相較之下，明信片已與日本的日常生活脫節，在人的心裡也會被視為不同次元的物品，使單純曝光效應發揮更卓越效果。

所以，請你一定要記得使用明信片！

本回的心理術▼**「每日明信片」**

若要讓對方喜歡上自己，必須增加與對方接觸的次數。

檔案 19

我已年約三十，想要擺脫吸引有婦之夫的小三體質。我好想受到單身男子的歡迎！

無論是多麼黑心的方法都沒關係！我想撕掉長年來的小三標籤，重獲自由！

投稿者　壇・蜜豆

回答

恭喜你！在你實際透露「想擺脫小三體質」的心情時，其實你當下便擺脫它了！

在人的心裡，存在著「言出必行」的心理機制，這在心理學中稱為**「公開承諾」（Public Commitment）**。

據凱斯西儲大學的黛安娜・泰斯（Dianne Tice）博士的研究結果，顯示了當人一旦開口表明「自己的情緒起伏很激烈」，最後真的會冒出激烈的情緒起伏，可見公開承諾的強大效果。

話雖如此，你身上的「小三蟲子」現在還是會不時躁動吧，所以！我要來傳授能為你封印住「小三蟲子」的心理術，名字就是——

「祕密的善良小事」！

在身陷小三泥沼的未婚女子心中，主要有以下三種代表性的情緒。

1. 滿足自我肯定的需求

由於男方會有罪惡感，通常都很珍惜與小三見面的時光，這份虛偽的溫柔（我必須老實說出來）能讓人感受到「自我價值」，使心靈獲得滿足。

2. 羅密歐與茱麗葉效應

這是當相愛的兩人遇到阻礙時，感情反而會更加升溫的心理現象，是由美國心理學家理查．德里斯柯爾（Richard Driscoll）博士所提出的理論。

當人家的小三正符合「這個效應」對吧，因為無法完全占有對方，才會燒出熊熊愛火。

3. 沉沒成本的束縛

明明知道毫無價值，卻因為捨不得至今付出的時間與金錢，陷入無法一刀兩斷的狀態稱為「沉沒成本的束縛」。

以當小三為例，一旦中途停止了，當小三的那段時光便會化為「無」。這個行為等同否定自身的存在價值，才會讓人不自覺地避開這個選擇。

能夠避免上述三種情況的心理術就是**「祕密的善良小事」**。

這個心理術的具體行動是默默地「做好事（行善）」。

例如「在電車上讓座」、「撿起路邊的垃圾」、「開啟快關上的電梯門」等等，不管是多微小的事都無所謂。

無人知曉的「善良小事」會累積在心裡，滿足自我肯定的需求。只要自我肯定的需求獲得滿足，便不再需要依靠虛偽的溫柔來確認自我價值，也會自然而然地對當小三失去興趣，有機會遇見更好的邂逅。

默默行善後，便能獲取更大的幸福，你不妨從今天開始實行吧。

本回的心理術▼**「祕密的善良小事」**

無人知曉的「善良小事」能填補心靈的缺口。

檔案 20

情人節巧克力該一大早送，還是在回家路上送比較有效？

我想全力展現自己的心意！

投稿者　ONLY YOU

回答

謝謝你提供了讓人心兒怦怦跳的煩惱，想像你的**緊張模樣**後，讓我也忍不住有了酸甜幸福感。

我要為你提供的心理術是——

「頭香或尾香」！

在此之前……請先讓我問個問題。

關於你喜歡的那個男生，他有沒有特別顯著的體質或習慣呢？

假如他是超級低血壓的體質，早上心情總是很差的話，你就應該在晚上回家的時候再送巧克力；相反地，如果他習慣在白天東奔西跑，到了晚上就筋疲力竭的話，那你則要鎖定早上的時段。

心理術通常是以「普通人」或「一般情況」作為標準，所以包含這個例子在內，要是該對象有特殊的行為模式，你就要以對方的情況為優先哦。

那麼接下來，來談談「頭香或尾香」的使用方法。

從心理學的角度來看，「該選早上還是晚上」的問題可被視為**「初始效應（Primacy Effect）與新近效應（Recency Effect）哪種比較有效」**的議題。

初始效應是指「一開始比較容易留下深刻印象」的概念。換句話說，如果你相信初始效應，早上第一個送巧克力的方式會比較有效。

相反的，如果你相信「最後比較容易留下深刻印象」的新近效果，選擇在晚上的最後送巧克力才是最佳解答。

「所以，我到底該選哪種啊？」你一定會這麼想吧。決定的關鍵，就在於對方對你有多少關注。

如果對方時常關心你，「新近效應」便能大顯神威，所以請你選在晚上的最後送出巧克力。

吊一下時常關心自己的對象胃口，才能讓效果更顯著。讓對方引頸期盼地心想「你怎麼還沒來呢」，並在最後一刻才送出巧克力的舉動能提升「自身價值」，對方也會對你有更多好感。

如果你的情況並非如此，**對方目前還不太注意你的話，則是「初始效應」比較有效**。所以你要設法成為早上第一個送他巧克力的人。

因為你愈晚送，對方對你的印象就會愈薄，若想在對方心中留下強烈印象，比任何人都早送巧克力是重要關鍵。

無論如何，請你一定要鎖定頭香或尾香！

本回的心理術▼**「頭香或尾香」**

對方很少注意你的話就鎖定頭香，時常關心你的話就選尾香。

檔案 21

因為我的攻勢太消極，老是只能當心上人的「哥兒們」。我有辦法晉升為對方的女友嗎？

我想來個逆轉勝，奪下女友寶座！

投稿者　彩虹

回答

在我的人生中，也經常發生「自己試圖營造的形象在別人眼中卻是截然不同」的經驗，所以我非常明白你的心情。我現在要介紹的心理術是——

「牽一髮動全身」！

請你務必使出這一招，搶下女友寶座吧。

在二十世紀開創分析心理學的卡爾．榮格（Carl Gustav Jung）博士留下的著名研究中，就有一個**「人格面具」（Persona）**的概念。

這是指「人會迎合各種場合和狀況戴上不同面具，這些面具也會視時間、地點或場面而改變」，但現在請你直接解讀為**「人擁有各式各樣的『面孔』」**。

以我為例，我有傳授心理術的講師「面孔」，有經營眼鏡品牌的老闆「面孔」，同時也有身為一個男人以及為人父母的「面孔」。

這些「面孔」不只存在於自己身上而已。

他人對自己的認識也是經由「面孔」而來。

把這個概念套用在我身上看看吧。經由講師「面孔」看我的人一知道我是眼鏡品牌的老闆，八成會驚訝地心想「原來講師有在當老闆啊」，我的孩子也會不自覺地認知到「爸爸是講師和老闆」。

也就是說，我們對於他人的印象是從最先認知的某張「面孔」而定，而這些已經貼在臉上的「面孔」，並沒有那麼簡單能說變就變。

以你的情況來說，如果你在一開始不小心貼上了「哥兒們的面孔」，要逆轉這個形象就不太容易了。

所以！現在輪到「牽一髮動全身」的心理術登場了。

為了徹底翻轉原本「不小心貼上的面孔」，你必須秀出至今從來沒讓對方看過，**令人相當意外的一面**。當對方接受了你的意外一面，過去建立的「面孔」也會開始瓦解，讓你有機會逆轉自己的地位。

關於這個「意外的一面」，請你選擇一個最能改寫形象且衝擊力十足的面孔。

比方來說，如果你有一張「怕生的面孔」，你可以和對方去遊樂園搭乘刺激的遊樂設施，比任何人都還瘋狂地放聲大叫；或是參加需要積極進攻的生存遊戲，在遊戲中到處穿梭自如等等，讓對方嚇到說出「咦？真的假的……」。

對方被嚇到的那個瞬間，就是你的機會了！

立刻一鼓作氣地翻轉形象，將自己的「面孔」從「哥兒們」換成**「讓人心動的女生」**吧。

本回的心理術▼**「牽一髮動全身」**

只要換了一個形象，整體印象也會隨之不同。

檔案 22

我在婚友社的課程中學會「利用問題打探個人隱私」，但最後卻嚇到對方了。

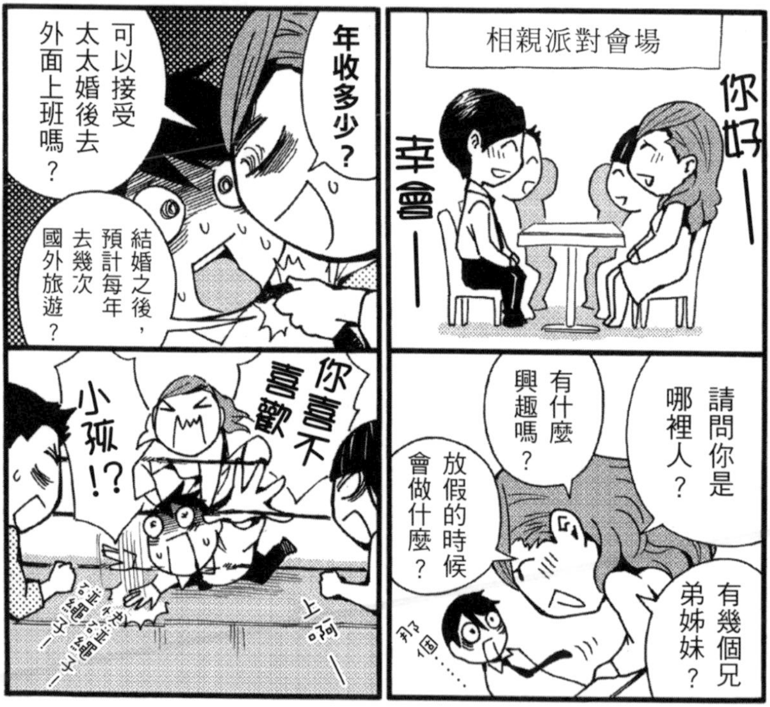

我明明照著學到的方法在做，
為什麼會不順利呢!?

投稿者　死亡象徵

回答

為了成功，誠實以待是不可或缺的條件。我相信幸福的日子，很快就會去造訪乖乖實行所學的你身邊。

因此我想告訴你，在向人「提問」的時候需要懂得多顧慮一點。

人心具有**「受到提問就要回答」**的心理機制，所以只要問得愈多，的確能得到愈多資訊。

不過，**問題本身也有可能成為一種暴力**。

如果有人像演藝圈的記者一樣，連珠炮似地詢問你個人隱私的話，你當下會有什麼感受呢？別說是回答了，甚至會覺得反感吧？

即使你只是一心想了解對方而發問，但是在用字遣詞、語調、口氣，以及詢問次數的影響下，比起產生好感，對方反而會拒你於千里之外。

說得更深入一點，你的「提問」甚至還會擋下對方「真正想說的話」。

例如下述這段對話，你看了之後會有什麼感想呢？

女子：「你有什麼興趣呢？」
男子：「我喜歡看電影。」
女子：「這樣啊，你喜歡什麼樣的電影呢？」

我猜你應該不會覺得哪裡奇怪的吧。
不過，萬一對方不是想聊「自己喜歡的電影」，而是想談「自己喜歡電影院的氛圍」，這下又會如何呢？
對方會覺得「自己的話題被干擾」，默默地關上心房，所以我要推薦的是——

「短到極限的鸚鵡式對話」！

如同字面所示，這是像鸚鵡一樣重複對方說話的方法。在重複的時候，如果可以只用名詞回答就只說名詞，如果沒辦法的話就說到名詞＋助詞為止，是以短到極限的內容來回話的心理術。以剛才的例子來看：
「看電影？」這才是正確解答。

——或許你會覺得這樣很冷淡，但其實只要這樣就夠了。

當人聽到自己的話被重覆一遍，會安心地心想「對方有專心在聽我說話」，不自覺地累積起好感。除此之外，若以問句形式提高語尾的音調，便可以讓對方開口說「是啊，然後……」，誘導他盡情說起自己想聊的話題。

在這樣的一來一往中，彼此的距離會變得愈來愈近，最後一定能讓你成功打聽到許多個人情報。

本回的心理術▼**「短到極限的鸚鵡式對話」**

如果想在打探情報的同時留下好印象，就將問題縮短到極限。

檔案 23

我一聞到肥皂香就會想起前男友，心裡覺得好難受。

有沒有可以讓我忘卻失戀，
找回平靜的方法？

投稿者　想要忘記一切

回答

想必你的內心一定滿懷感傷吧，謝謝你願意找我商量。

在心理學中，有個名叫**「普魯斯特效應」**（**The Proust Effect**）的作用。這是指特定氣味會喚起相關記憶與情感的現象。嗅覺會透過掌握氣味資訊的嗅球（Olfactory Bulb），直接連接控制喜怒哀樂的大腦邊緣系統（五感中唯一能這麼做的感官），進而產生這個心理現象。

此外，在比較男女大腦對於氣味反應的研究中，可得知女性的嗅球神經細胞比男性多43％左右，換句話說，你會從肥皂香想起前男友是無可奈何的事。這也可說是女性無法避免的心理機制吧。

所以，我想這樣告訴你：

「聞到肥皂香的時候，請你儘管想起前男友吧！」

雖然接下來的說明會直接破哏，但這裡使用的心理術就是——

「表裡不一法」！

假如你有減肥經驗，我希望你回想一下當時的情況。當你心想「不可以吃」的時候，腦袋裡究竟會浮現什麼呢？每次一思考「不可以吃！」的時候，你是不是同時也會想著「好想吃哦～～」？

人的腦袋**無法將「不可以做某事」的語句解讀為禁止之意**，所以大腦會把「不可以吃東西！」轉換成「可以吃！」，並留存在腦海裡。

而且大腦的迴路就像線香煙火的火花，具有朝四面八方飛散的特質。一旦腦中浮現「可以吃！」的煙火，便會對「吃東西」產生無限樂觀的態度，開始想著「吃起來很美味♡」、「吃了會覺得幸福哦♡」、「吃了會有快感哦♡」等等。

甚至更殘酷的是，當這個大腦迴路愈重複運轉，自己的身材就會變得愈胖，這也是為什麼我們每次一想著「不可以吃」的時候，反而會落入愈來愈想吃的惡性循環。

用來阻絕這個惡性循環的心理術就是「表裡不一法」。

這招是利用「人一被高壓手段阻止時，便會覺得個人自由遭受迫害，最後刻意反其道而行」的心理機制。

雖然這個簡單效應只是利用了愛唱反調的人性，但實際在臨床現場上對失眠患者說「努力讓自己不要睡著吧」，或是對正在減肥的人說「每天最少一定要吃到五千卡哦」，最後都會產生絕佳的效果。

所以，我要對你再三強調：

「聞到肥皂香的時候，請你儘管想起前男友吧！」

本回的心理術▼**「表裡不一法」**

若要改變受到本能影響的行為，「高壓式的肯定」具有絕佳效果。

檔案 24

我的男友有很強的嫉妒心和占有欲，請教教我該如何控管男友的情緒。

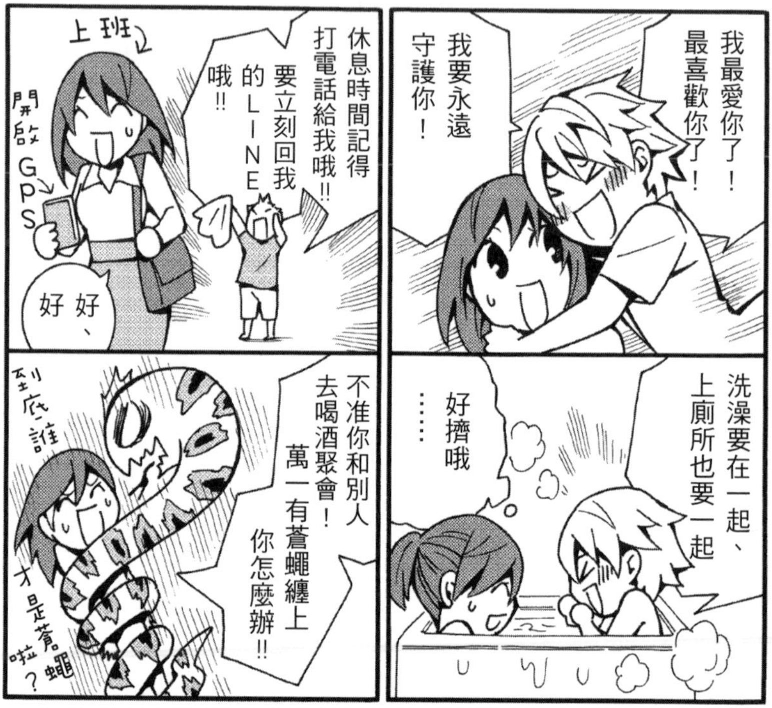

有什麼能讓男友冷靜的必殺技或關鍵字嗎？

投稿者　RING RING

回答

這與上一案例幾乎是恰恰相反的煩惱。不光是自己的本能行為，當人想要控管他人的激烈情緒時——

「表裡不一法」其實也是相當有效！

雖然這次的答案和前篇一樣，但還是容我來介紹一下。

「表裡不一法」……各位應該都還記得吧？那我現在要出題了。

如果要將「表裡不一法」運用在為過度飲食苦惱的人身上，請問該向對方說什麼呢？

是的，沒錯！

就是跟對方說：「再多吃點吧，你還能再繼續吃吧？」強調他應該要再吃下去。

複習完「表裡不一法」是利用**「刻意反其道而行」**的心理機制後，現在我要來說明該如何加以應用。

如果由一直以來總是堅持相同意見的人來使用「表裡不一法」，這個心理術的效果會更加明顯。以過度飲食為例，若以前特別愛叨念「別再吃了！」的人要是改說「你還是多吃點吧！」，就會更有顯著效果。

這個道理很簡單，在反覆經歷了愈被警告「不要吃」，就變得愈容易「想吃東西」的過程之後，內心便會默默決定**「要反抗那個人所說的一切」**。所以比起話中的內容，只要一聽到對方說話便會率先冒出「不管他說什麼都想唱反調」的心態，最後產生「我偏偏不吃！」的反應。

若要在這次的案例使出「表裡不一法」，你不妨在自己的房間裝上用手機APP就能連線觀看的攝影機，並告訴男友：「你要一直看著我哦，眼睛絕不能離開一分一秒哦♡」

接著在男友的嫉妒心和占有欲爆發前，請你不厭其煩地問他：「吶，你現在有看我在做什麼嗎？」你無須顧慮男友的行程或時間，不論早中晚都無所謂，甚至盡可能地鎖定男友確認不了攝影機的時機不停問他。當男友回答不出來時，你再抽抽噎噎地說：「你為什麼不看我？我討厭這樣，求求你再看我多一點。」

換句話說，**這個心理術是透過「再多束縛我！」的高壓式強迫法，進而誘導對方產生「等等，我又沒有要束縛你到這個地步」的反抗心態。**

不過！請你要小心行事。

如果男友在心理上對你依賴成性，「表裡不一法」就會出現反效果。有不少案例是當事人一聽到自己依賴的對象說了什麼，便會不顧善惡因果，立刻反射性地聽命行事。

我再重複一次，如果男友對你過度依賴，當你向他撒嬌地說「束縛我吧♡」，他會單純地照著字面「束縛」你……所以請你千萬千萬要小心。

本回的心理術▼**「表裡不一法」**

總是堅持普遍意見的人說話反差愈大，心理術會愈有效果。

檔案 25

（與檔案24是同一位投稿者）

我的男友對我依賴成性，請問我該怎麼辦才好？

我男友就是你提醒我「千萬要小心」的那一類人……

投稿者　RING RING

回答

謝謝你繼續向我商量煩惱。

原來如此，看來男友對你依賴成性啊，這下我懂了。那我重新向你傳授另一招心理術——

「三心之力」！

所謂的「三心之力」，就是「安心」、「放心」、「定心」。

以心理學的觀點來看，人會有「旺盛嫉妒心」或「強烈控制欲」的一大因素是**「對自己沒有自信」**，因為對自己沒有自信，不將心上人綁在身邊就會「害怕對方有一天離去」；因為害怕對方有一天離去，「便將心上人綁在身邊以防萬一」。大部分的因果關係幾乎都是這種情況。

若要解決這個煩惱，必須化解男友心中「害怕對方有一天離去」的不安。換句話說，身為女友的你須使他「安心」、「放心」、「定心」，讓男友知道「你不會離開他」。

假設你和女性朋友去喝酒聚會時，男友突然醋勁大發好了。你覺得這時候的男友會有什麼不安呢？

「她該不會是和其他男人在一起吧？」這就是男友的妒意和疑心對吧。

既然如此，答案就簡單了。

你可以立刻改去男友熟悉的店家（男友可以隨時打電話向老闆確認的店），打造讓男友安心的環境，再告訴他一聲「抱歉害你擔心了，但你不用胡思亂想啦」，讓男友放下心中的大石頭。

像這樣一次又一次地讓男友放心之後，他的情緒便會愈來愈穩定，如此一來，「害怕心上人有一天離去」的不安會逐漸消失，嫉妒心和控制欲也隨之降低。

我再告訴你「三心之力」的另一個優點。

在你不停預測男友的不安情緒時，你會開始知道「啊，這樣做一定會讓他擔心」，能漸漸察覺男友的不安預兆，於是你自然而然地能在不安來臨前，事先採取避開那些情況的舉動。

如此一來，想必你的男友以後一定不會再感到不安，控制欲也會跟著降低。換言之，「三心之力」是能讓你應付男友，又可以事先做好防範的心理術。

最後，我就把自在運用「三心之力」的訣竅傳授給你。

當男友出現控制欲的時候，你可以開口說「因為人家……」，或者是「但是……」等等，當作沒聽見男友剛才說的話。因為他說的那些「話」，其實也不是出自真心。重點並非話中的內容，而是要去揣測男友腦中的想法，推論他是因為自己的「哪個行為」才會擔心「害怕心上人離去」。

本回的心理術▼**「三心之力」**

對付嫉妒心和控制欲的有效方法，就是讓對方知道「自己不會離去」。

第3章介紹的暗黑心理術（總整理）

「真實三明治」

▶▶如果想說不會被拆穿的謊，就在謊言中穿插真實。

「每日明信片」

▶▶若要讓對方喜歡上自己，必須增加與對方接觸的次數。

「祕密的善良小事」

▶▶無人知曉的「善良小事」能填補心靈的缺口。

「頭香或尾香」

▶▶對方很少注意你的話就鎖定頭香，時常關心你的話就選尾香。

「牽一髮動全身」

▶▶只要換了一個形象，整體印象也會隨之不同。

「短到極限的鸚鵡式對話」

▶▶如果想在打探情報的同時留下好印象，就將問題縮短到極限。

「表裡不一法 1」

▶▶若要改變受到本能影響的行為，「高壓式的肯定」具有絕佳效果。

「表裡不一法 2」

▶▶總是堅持普遍意見的人說話反差愈大，心理術會愈有效果。

「三心之力」

▶▶對付嫉妒心和控制欲的有效方法，就是讓對方知道「自己不會離去」。

Black
Life
Counseling

[第4章]

暗黑毒雞湯

控制自我篇

檔案 26

我早上常常起不來，有什麼辦法可以解決嗎？

我想和早晨當好朋友……

投稿者　夜未眠

回答

我也是早上很難爬起來的人，所以我很了解這種痛苦。
我就來傳授一下我自己持之以恆執行，能成為晨型人的心理術——

「三招帶來清爽早晨」！

1. 曬太陽

人的身體需要兩個元素才能清醒，其中一個就是「光」。曬過陽光之後，便能重整體內的生理時鐘，暢快地迎向一天的開始。

然而，我們會因為住處的日照光線不良或是天氣不好，很難天天曬到充足陽光。在這種時候，建議你可以試試使用「與陽光同樣明亮的鬧鐘」，這樣也能獲得與曬太陽同樣的效果哦！

2. 喝水

讓身體清醒的另一個必要元素，就是「為內臟帶來刺激」，話雖如此，你並不需要立刻吃下什麼東西。

請你記得喝水。光是喝水，就能讓消化器官產生運作，讓精神煥然一新。

3. 整理床鋪

2012年在美國有個以6萬8千名男女為對象的實驗。

這場實驗比較了「起床後會做的事情」與「對於工作、收入和人生的滿意度」，針對整理床鋪得到一個有趣結果。

〈你起床後會整理床鋪嗎？〉

27％…我會整理床鋪。

59％…我不會整理床鋪。

＊剩下的14％包含「交給家事服務人員整理」等等。

〈比較整理床鋪與「對於工作、收入和人生的滿意度」……〉

- 會整理床鋪的人有71％覺得滿意。
- 會整理床鋪的人很滿意工作，收入也比較高，並保有健身習慣，較不容易感到疲倦。
- 不會整理床鋪的人有62％覺得不滿意。
- 不會整理床鋪的人容易討厭自己的工作，不太有活動筋骨的運動習慣，起床後也會感到疲倦。

你覺得如何呢？

這下看來非得整理床鋪不可了吧。

在過去的日本，以前的人都認為棉被是用來休息，所以早上一定要收起來。我小時候在家也是，收拾棉被就是我負責的工作，只是我覺得麻煩得要命。不過，自從我知道這個習慣會帶來幸福後，最近倒是覺得感慨萬千。

本回的心理術▼**「三招帶來清爽早晨」**

如果你想過得幸福，起床後記得要曬太陽，也別忘了喝水以及整理床鋪。

檔案 27

我覺得明明自己沒錯，卻不得不向人低頭的作為等於輸給了人生。

這樣不行嗎？

投稿者　真一文字

回答

不，絕對沒有不行。

每個人都有自己的個性，我也很喜歡注重個人作風的人，所以如果你堅持**「不隨便向人低頭」**的作風，我也會支持你的決定。

不過在這個社會，實際上只要低頭——也就是願意道歉的話，有很多事情便能暢行無阻。因此這次我要介紹這個心理術讓你明白箇中道理。

「低頭為妙」！

關於這個心理術，是以在杜克大學教授心理學和行為經濟學的丹・艾瑞利（Dan Ariely）博士所進行的實驗作為基礎。

實驗是這樣的內容：

操作實驗的人員（以下稱「實驗者」）以「從事簡單工作即可賺到五美金」的名目招

募了受試者，想當然耳，受試者並不曉得自己參與的是一場實驗，大家單純只是為了五美金來工作。

完成工作後，實驗者會「故意」支付多於五美金的酬勞給受試者。

實驗者分別以三種模式，調查了有多少比例的受試者會老實地歸還差額。

第一種模式是實驗者向大家說明完作業內容，受試者再開始工作。

接著在大家完工之後支付酬勞，是一般常見的流程。

最後有45%的受試者會老實地歸還差額。

第二種模式是實驗者說明作業內容到一半時，電話突然響了，實驗者為了接電話，便離開現場十二秒鐘。

實驗者講完電話後，沒有向大家道歉便逕自繼續說明（電話內容與這份工作沒有任何關聯）。

請問你覺得在這個模式下，有多少人會老實地歸還差額？

答案是——歸還差額的人僅僅只有14％！只有前種模式三分之一的人這麼做。

關於這個結果，艾瑞利博士表示：「**對他人的無禮會喚起報復心態。**」

第三種模式是實驗者在接到並講完電話後，立刻向受試者開口道歉。

這次歸還差額的比例，則與沒有受到電話干擾的第一種模式一樣。

由此可知**立刻道歉的舉動，可以抵消原本的無禮行為。**

你覺得這個實驗如何？

是否要使用「低頭為妙」，這都是你的自由。

我只是希望你明天的生活可以比現在更加美好。

本回的心理術▼**「低頭為妙」**

道歉的力量，可以讓立場相互矛盾的對象恢復平靜。

檔案 28

請教我該如何在社群網站上透漏自己是個教養良好且貨真價實的有錢人呢？

我就是希望自己的形象很好！

投稿者　蒙布朗

回答

不錯哦！我最愛你這種上進心了。

因為積極向上的態度，是讓人成長的原動力。

就放心交給我吧！我要傳授給你的心理術是——

「我本來就是這樣子嘛」！

這個心理術的基礎，是源自英國心理學家理查·韋斯曼（Richard Wiseman）博士所提出的理論——

「想要成為〇〇，就表現得像〇〇一樣」。

想要過得幸福，就做出自己好像已經很幸福的舉動，韋斯曼博士表示如此一來，便能讓自己自然而然地變得幸福。目前這個理論的正確性，已經獲得多項研究證實了。

如果套用在這次投稿者的案例上，表示想讓自己看起來是「教養好的真正有錢人」的最佳方法，就是成為「教養好的真正有錢人」對吧？

既然如此，那很簡單，你只要表現得像是「教養好的真正有錢人」即可。

雖然話是這麼說，但我想你現在應該還不清楚什麼樣的表現，才會讓自己像是「教養好的真正有錢人」。所以請你先尋找「自己的榜樣」，找出「教養良好，貨真價實的有錢人」。

等你找到後就開始徹頭徹尾地研究，並且完美複製對方的舉動吧。

剛開始即使只是學到皮毛也無所謂，但要是你從頭到尾只懂皮毛，一定有人會在背後說你「像個暴發戶，有夠俗氣」。所以你的最終目標，必須是連**「內在結構」也要完整複製。**

我來具體說明一下吧。

假設你崇拜榜樣的「嗜好是馬術運動」好了。

你一開始可以先複製「從事馬術運動」的行為即可，但同時也要思考「馬術運動」的哪些地方會讓人看起來像「教養好的真正有錢人」。

如果是因為「姿勢優美」，你在日常生活中可以多注意自己的體態，或是定期去矯正姿勢，表現出「我本來就是這樣子」。

如果是因為「充滿歐洲貴族的氣息」，你可以鑽研歐洲的美術或音樂，或者是實際去歐洲旅行，擺出一副「我本來就是這樣子」的態度。

像這樣不只是表面功夫，連內在也複製起來之後，你自然會成為「教養好的真正有錢人」，加油！

本回的心理術▼**「我本來就是這樣子嘛」**

如果想成為〇〇，就表現得像〇〇一樣吧。

檔案 29

我和男友分手了。我該如何度過會被閃瞎的星期天呢？

感覺快被悲慘給壓垮了，
請幫助我吧！

投稿人　決戰星期日

回答

本該是讓自己補充精神的星期天，現在反而成為了壓力來源。你的這份痛苦，我已經深深感受到了。為了你好，希望你能聽我說一句刺耳的話，其實你目前是自己在控制著自己的心。

讓我來稍微說明一下吧。

我們現在身處的世界，到處充斥著各種資訊。由於我們的大腦已經習慣接觸洪水般的情報，要是頓時失去信息來源，就會反射性地試圖**「填補缺口」**。

雖然這個例子不太好，但像邪教組織會把信徒長時間關在狹小無光的空間，讓他們永無止盡地聆聽教義的行為，就是利用大腦的這個習慣來控制人心。昏暗的空間阻斷了外部資訊，便讓大腦產生了缺口，大腦為了填補缺口，才會貪婪地吸收流瀉而來的教義。

現在你的大腦，也可說是處在這個狀態吧。

原本總是和男友開心度過的星期天頓時多了空缺。

因為少了快樂時光的新資訊，大腦只好向外收集類似的情報（**也就是「周圍的幸福氣息」**）來填補這個缺口，才會讓你感到愈來愈難過。

可以運用這個缺口，讓自己從失戀中重新站起來的心理術是——

「大哭快樂」！

——請你盡情哭吧。

請你放聲地嚎啕大哭，哭到一發不可收拾的程度。

這並非只是「哭一哭發洩一下」那麼簡單而已。

因為人的身上存在著一哭就會感到幸福的心理機制。

你聽過**「血清素」**（Serotonin）這個名詞嗎？

「血清素」是自律神經受壓力影響而失常時，用來恢復平衡的腦內荷爾蒙之一。這是刺激使人放鬆的副交感神經，俗稱**「幸福荷爾蒙」**的神經傳導物質。

當人在流淚的時候，體內會大量分泌這個「血清素」。

你是否也曾有過大哭一場後，心情便冷靜許多的經驗呢？

這是因為哭泣時分泌的「血清素」整頓了受壓力干擾的自律神經，才會讓人感到輕鬆。

你現在需要的，就是哭泣。

你可以觀賞感人的電影、閱讀催淚的漫畫或小說也行（最好不要選戀愛題材，我比較推薦動物主題），還有讓人感動的廣告片段也無妨，像搞笑諧星鐵拳繪製的動畫也很適合。

總之就是設法讓自己哭一場。

因為那些眼淚會為你帶來幸福！

本回的心理術▼**「大哭快樂」**

沮喪的時候就大哭一場，血清素會帶來幸福的！

檔案 30

我一點也不打算改變自己，但我想學會如何隱藏自己的高傲態度。

被別人指手畫腳地說教實在很煩。

投稿者　旁觀者

回答

竟然能說得如此斬釘截鐵，**你的人生態度真是太美妙了！**害我都開始崇拜你了。為了讓你繼續保持這個心態，我這次要傳授的心理術是——

「歪理話術」！

關於「歪理話術」的基礎，是源自哈佛大學的心理學家艾倫·南格（Ellen J. Langer）博士在圖書館進行的實驗。

在等待影印機的隊伍中，南格博士安排實驗人員分別以下列三種模式，拜託排在前面的人同意讓自己「先使用影印機」。

A：「不好意思，我需要影印五張，可不可以讓我先影印呢？」（僅提出自己的要求。）

B：「不好意思，我需要影印五張，因為我有一點急，能不能讓我先印一下？」（加上能讓人接受的理由。）

C：「不好意思，我需要影印五張，因為我非影印不可，能不能讓我先印一下？」

（只要冷靜思考，就會發現這是一個怪理由。）

最後同意的比例如下所示：

A：60％

B：94％

C：93％

如你所見，B與C的數字比A高上許多，幾乎所有人都同意讓實驗人員先用影印機。

其中值得注意的是，B與C的比例數字並沒有差多少。**邏輯詭異或是毫無關聯的理由**——也就是即便是歪理，只要有理由，人便會忍不住接受對方的請求。

為什麼會變成這樣呢？**這是因為一旦有了理由，人的心理機制就會覺得這是「低姿態的懇求」**。

反過來說，如果沒有任何理由，只是直截了當地拜託對方，會讓人覺得是「高姿態的命令」（你應該曾有這種經驗吧）。

因此，如果你想隱藏「高傲的態度」，拜託他人的時候就不要直接說「可以請你幫我○○嗎？」

你要記得使出「歪理話術」，改成**「因為△△，可以請你幫我○○嗎？」**。

「因為明天是星期六，麻煩你今天留下來加班一下。」

「因為突然下雨了，今晚的約定先取消。」

只要像這樣在理由中，加入一定會讓人接受的「不爭事實」，就更能營造出「放低身段的態度」，令效果加倍哦！

本回的心理術▼**「歪理話術」**

只要加上理由就能隱藏自己的高姿態，即便是歪理也無所謂！

檔案 31

我想操控自己的夢境。

請教我該如何操控自己的夢境。

投稿者　做夢者

回答

想操控夢境！謝謝你提供了簡單又豪爽的煩惱。

現在我要傳授的雖然不是心理術，但這是已經獲得科學證實，能夠操控夢境的方法——

「γ波電擊刺激」！

你認為夢境與現實的差異是什麼呢？

科學家表示是「能否對當下的自己產生自覺意識」。

例如你現在閱讀這本書的時候，會對正在閱讀的自己有自覺意識對吧？

美國神經科學研究所的傑拉德．愛德蒙（Gerald Maurice Edelman）博士，便把「俯瞰『自己在現實中活動』的自我」稱為**「第二個自己」**。

「第二個自己」——也就是「俯瞰『自己在現實中活動』的自我」會在做夢的時候消失。

因為消失了，即使在夢中陷入多麼異想天開的情境，自己也無法吐槽：「慢著，這根本不可能啊！」

然而在做夢的時候，也有人會發現到「這裡是夢中的世界，我現在正在做夢」。這是「第二個自己」也出現在夢中的狀態，專業名稱叫做**「清醒夢」（Lucid Dream）**。

不時會做清醒夢的經驗者表示：「夢裡的狀況會如我所願地發展。」這就是「第二個自己」在自由主導夢中情境的狀態吧。

在之後的研究中，可得知當人在做清醒夢的時候，額葉和頂葉會釋放出一種名叫 γ 波（Gamma Wave）的腦波。

既然如此，這就能成立一個假說——**只要傳送 γ 波到額葉和頂葉，或許就能讓人夢到清醒夢，自由地操控夢境。**

證明了這個假說的人是法蘭克福大學的烏蘇拉．佛斯（Ursula Voss）博士。

他在一場實驗中以 γ 波的節奏施予電擊，持續刺激27名睡眠中的受試者大腦，並在受試者醒來之後詢問大家「做了什麼樣的夢？」，結果得知有七成以上的人都成功做了清醒夢，其中甚至有人回答自己可以主導夢境。

換句話說，只要你能得到這個**利用 γ 波刺激大腦的裝置**，就有很大的機會可以操控夢境。

從網路情報來看，據說已有烏克蘭的新創公司投入製造，讓十人中有八人成功做了清醒夢，甚至還有其他地方成功生產為商品的樣子。現在這個時代真是不得了啊！

本回的解決方法▼**「γ 波電擊刺激」**

只要利用 γ 波刺激額葉和頂葉，就有辦法操控夢境。

檔案 32

每次有人和我商量沉重的煩惱時，我的心裡就會好難受。有沒有不會被對方討厭，又能「避而不談」的方法？

我想在自己崩潰之前找到解決辦法……

投稿者　茶匙

回答

我了解你的心情，當有人來**商量沉重的煩惱**時，心裡真的會很難受啊。

像是「與死有關的話題」，或是「無法掙脫的人際關係」等等，幾乎都是不管怎麼絞盡腦汁也束手無策的問題，可是對方又每每希望能得到建議，會開口問道：「你覺得該怎麼辦才好？」

從你的煩惱來看，想必你的心地一定相當善良，在這種場面下也依然會拼命幫忙想辦法吧。

不過，你覺得結果如何？當自己說出費盡千辛萬苦想出的意見，對方又會立刻表示：「我怎麼可能辦得到啊！」

或是對你說：「你根本不懂我的狀況，別說得那麼簡單！」

我想你一定有被對方這樣反駁過吧（在使用我接下來要傳授的心理術前，我自己都是碰到這種狀況）。

簡單來說，一般會來商量沉重煩惱的人幾乎都是「不曉得該怎麼辦，才會找人幫忙想辦法」，可是又會「對他人的意見產生反感」。站在提供建議的立場來看，這通常是個十分棘手的場面。

那就輪到這個心理術登場了。

「傷腦筋口頭禪」！

如同名稱所示，請在嘴上掛著「傷腦筋」的口頭禪。

當對方開口問「你覺得該怎麼辦？」，都一律回答「真是傷腦筋耶」。

你現在可能很想喊著「喂喂喂」來吐槽我，或許會覺得有人向自己徵詢意見，只回答一句「真是傷腦筋耶」更容易遭到反駁。

不過，自從我開始以「傷腦筋口頭禪」的方法來回答後，別說是反駁了，很多人甚至還會說聲「謝謝」，對我表達謝意。

在大部分的情況下，其實對方也知道根本沒有方法解決那些沉重煩惱。

因為自己沒辦法隻身承受，才會以「商量」的名目說出來給別人聽。這時候如果聽到一句「真是傷腦筋耶」，彷彿與自己「感同身受」的回答，當事人便會對明白自己的立場並願意一起煩惱的人（也就是「你」）抱持感恩的心。

在使用這個道理簡單，卻效果十足的心理術「傷腦筋口頭禪」時，請務必注意以下事項。

- **徹底與對方感同身受**

——當對方覺得你與自己有同樣心情時，會容易對你留下好印象。

- **表情和聲音也要露出「傷腦筋的模樣」**

——如果對方認為你只是嘴巴說說，反而會對你產生反感。

- **即使想到具體意見，也絕對不能說出口**

——無論多麼有用的建議都會遭到對方反駁，所以不說為妙。

本回的心理術▼**「傷腦筋口頭禪」**

面對他人的沉重煩惱時，「真是傷腦筋耶」就是最佳的特效藥。

第4章介紹的暗黑心理術（總整理）

「三招帶來清爽早晨」

▶▶如果你想過得幸福，起床後記得要曬太陽，也別忘了喝水以及整理床鋪。

「低頭為妙」

▶▶道歉的力量，可以讓立場相互矛盾的對象恢復平靜。

「我本來就是這樣子嘛」

▶▶如果想成為○○，就表現得像○○一樣吧。

「大哭快樂」

▶▶沮喪的時候就大哭一場。血清素會帶來幸福的！

「歪理話術」

▶▶只要加上理由就能隱藏自己的高姿態，即便是歪理也無所謂！

「γ 波電擊刺激」

▶▶只要利用 γ 波刺激額葉和頂葉，就有辦法操控夢境。

「傷腦筋口頭禪」

▶▶面對他人的沉重煩惱時，「真是傷腦筋耶」就是最佳的特效藥。

Black Life Counseling

[第5章]

暗黑毒雞湯
控制他人篇

檔案 33

我想知道女友和朋友說的話是不是真心的。

我該如何知道大家真正的心聲？

投稿人　好想知道

回答

想知道對方現在說的話是不是真心的……？

有不少人也曾經跟我商量過同樣的煩惱。

書店陳列著許多「看穿人心」、「認識真心話」、「發現真心話」等書名的作品，可見我們現在愈來愈難知道「別人是不是在說真心話」。

依據我的經驗，會向我商量這種煩惱的人，大多是**懂得顧慮他人的溫柔好人**。想必你的心一定也很美麗。

為了這樣的你，我要誠心傳授的心理術是——

「眼觀耳聽」！

如果想知道對方說的是不是真心話，那就請無視話中的內容。

你不用在意對方說了什麼，而是要懂得「眼觀耳聽」，仔細觀察對方的表情和語氣。

因為人可以輕鬆地用言語隱藏真心。

說得再正確一點，其實很多時候連說話者本人也不清楚自己的真心話。

你或許會感到意外，但是無論你我，這個現象就普遍發生在我們的日常生活中。

假設有人約你去吃飯，但你「總覺得」不太想去，此時你會如何回絕呢？

你八成會說「今天身體不太舒服」，或是「明天一早有工作」等等，回答一個無法稱為真心話的理由。

想當然耳，你本人**並不會覺得自己在說謊**。如果開口問你，你一定會回答：「沒有啦，我說的都是真的啊。」

然而，那並不是你真正的心聲。只是連你本人也無法說明自己為什麼不想去，最後才會回答一個**「最正當」**且不會傷害對方的理由。

在日常情景中經常會發生類似這樣的情況，當你煩惱著「對方說的是不是真的」時，其實通常是「連本人也不曉得是不是真心話」，這下是否讓你深感無計可施了呢。

所以我希望你不要把重點放在「言語」上，而是要懂得學會「眼觀耳聽」，用心觀察對方身上的非語言資訊。

具體來說，就是**觀察對方的表情和語氣**。

無論對方回答得多開心，如果他的表情一片黯淡，就表示那不是真心話。

無論對方回答得多嚴肅，如果他的語氣聽起來興奮高亢，就表示那不是真心話。

如果你想知道對方說的究竟是不是真的，記得不要著重在話中的內容，而是注意話者的表情和語氣，這個舉動就是最適合且無敵的方法了。

本回的心理術▼**「眼觀耳聽」**

言語可以修飾，但是表情和語氣會透露「真正的心聲」。

檔案 34

沒品味的男友老愛送「我不想要的東西」，讓我傷透腦筋。

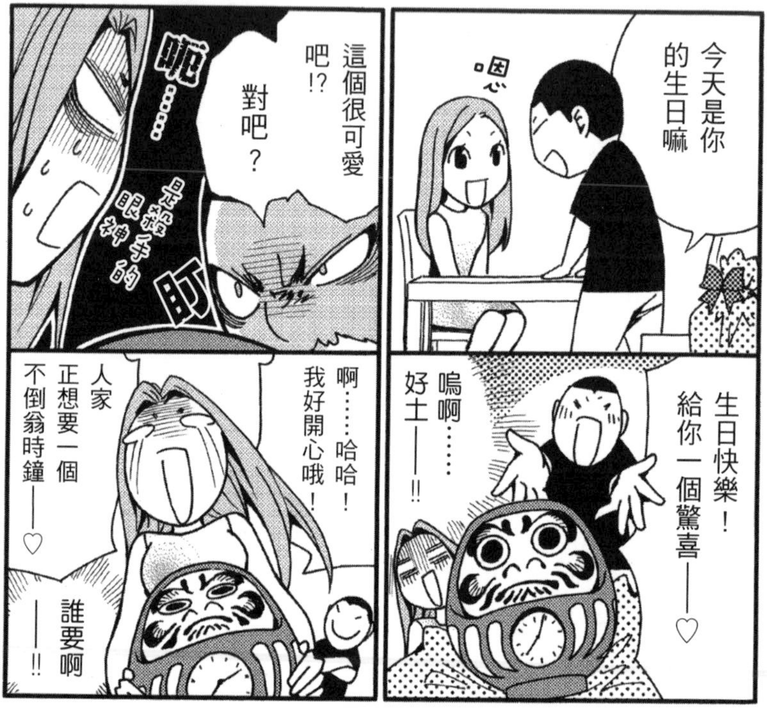

要是不開心就會惹他生氣，
請告訴我不會讓他惱羞成怒的方法。

投稿者　PONO

回答

這樣真的會很痛苦啊。
如果那是對方出於愛情或貼心送的禮物，又讓人更難受了啊。
交給我吧，讓我傳授這個心理術給你——

「致命的視覺傳球」！

這個心理術的基礎，是源自紐卡索大學的梅麗莎．貝特森（Melissa Bateson）博士所設計的「誠實箱實驗」。

這場實驗是在某家公司的休息區內進行。

現場沒有自動販賣機，而是設計了一個讓大家喝完飲料後，自行把飲料錢投入錢箱的區域，錢箱旁邊則貼有價目表。

另外貝特森博士又分別準備了「花朵照片」以及「特寫眼睛的人臉照片」，並將這兩種照片隔週交換貼在價目表上，觀察大家付錢的方式會出現什麼變化。

結果發現貼著人臉眼睛照片的那一周，錢箱裡的錢會比貼著花朵照片的那一周還多二至三倍。

因為「覺得被盯著看」所以才有很多人乖乖投錢進去。可是這場實驗最有意思的地方，就是幾乎所有來休息區的人都沒發現照片曾經換過，有些人甚至不知道價目表上貼有照片。

這也表示了即使本人沒有自覺，那些訊息仍會確實地傳達給使用者，並驅使大家有所行動，專業名稱叫做「上意識刺激」（Supraliminal）。

請你也採用與「誠實箱」一樣的作戰計畫吧。

具體來說，就是將你想要的禮物照片放在對方的視線可及之處，而且最好是能自然映入眼簾好幾次的地方。

如果你和男友住在一起，推薦你擺在固定放鑰匙的玄關處，或是男友上廁所時看得到的位置；你也可以把照片設為自己的手機待機畫面，隨時秀給男友看也能達到很好的效果。

在眼睛看過好幾遍之後，照片中的訊息便能刻畫進對方腦中，讓他誤以為那是自己靈光一閃的好點子，最後就會買來當禮物送你了。

不過，有二個地方需要特別注意。

第一，**絕對不能自己開口說「想要」**。

第二，**不要用文字寫出來**。

在上述的情況下，都會讓男友產生「意識」（文字會喚起意識），如果變成這樣，就會不小心解除這個難得的魔法了。

請你千萬要注意。

本回的心理術▼**「致命的視覺傳球」**

不時「映入眼簾」的東西會對人帶來強烈影響。

檔案 35

我討厭承擔責任，所以我希望交給對方親自開口做決定。

不管發生什麼事
我都做好了不承擔任何責任的準備!!
無論是工作
簽約之後的責任請你自行承擔
……
還是結婚
我們差不多也該結婚了吧
好吧
我想把所有選擇交給對方決定!!
我不想負責任!!
理直氣壯

當然也希望對方最好能做出對我有利的決定。

投稿者　人生勝利組

回答

在心理學上，交給對方做決策是個正確的思考方式。受他人強求的決定容易搖擺不定，但是一旦由自己親口說出，**「一致性法則」**便會開始運作，試圖依循自己所說的話來行動。

以結果來說，最後成功實現目標的可能性會大增。換言之，讓對方親自下決定並付諸行動的作為，也是為對方著想的一件好事。你能發現這一點真是太厲害了！我很樂意傳授這個心理術給你。

「隱喻蔡式法」！

這結合了被譽為「二十世紀最偉大的天才心理治療師」、「語言魔術師」的米爾頓・艾瑞克森（Milton Hyland Erickson）博士的必殺技**「隱喻」**，以及名為**「蔡氏現象」**（Zeigamik effect）之難度有一點高的心理術。

先來介紹一下艾瑞克森博士是如何使用隱喻吧。

打個比方來說，如果想讓某個人戒菸的話，一般人會提到「抽菸有多麼害人害己」，或是「戒菸之後能延長多少壽命」等等，通常會直接列舉優缺點來說服對方吧。

不過，即使明白那些建議都是為了自己好，從別人嘴裡聽到這些話的時候還是會相當反感，冒出一種叫做**「心理抗拒」**（Psychological Reactance）的心態。

因此當有人直截了當地想要說服自己時，不管對方多麼口沫橫飛也一樣難以接受，甚至會愈聽愈執意要繼續抽菸。

在另一方面，人的內心同時也埋藏著**「愛好故事」的心理機制**。

格林童話或日本民間寓言等古今中外的「故事」至今能繼續說給小孩子聽，就是因為比起直接的教誨或指導，小孩子比較會乖乖聽「故事」。於是我們才偷偷在「故事」中埋入大道理，試圖藉此改變小孩子的行為。

就像用「龜兔賽跑的故事」，來取代直接教導「人要懂得腳踏實地」，聽到這個例子應該就能理解了。

艾瑞克森博士用的譬喻，正是這裡指的「故事」。

博士會對客戶述說「故事」，來取代直截了當的說明和指示。

因為是「故事」，客戶會在毫無心理抗拒的狀態下聽進耳裡，並在最後「親自做出」符合博士期望的決策。

此外，艾瑞克森博士還常常把「故事」說到一半。

在人的內心中，存在著**「事情做到一半，就會想要有始有終」**的欲望。

這個現象稱為「蔡氏現象」。博士會特意停在最後一步，引導客戶自己做出結論——也就是使出計中計的陷阱，誘使客戶親自做決定。

我來舉個具體例子吧。

我在勸朋友戒菸時，「隱喻蔡氏法」就實際派上了用場。

當時我對朋友這麼說了：

「你知道龜兔賽跑的故事吧。對對對！就是趁兔子睡覺的時候，烏龜率先抵達終點的那個故事。你知道這個故事其實還有另一種解讀嗎？……不知道嗎？那我就問你囉。

你覺得兔子和烏龜在賽跑的時候，牠們分別看著什麼嗎？

……沒錯，兔子在看著烏龜吧，因為牠看見烏龜慢吞吞的模樣，才會疏忽大意，跑去睡午覺。那麼烏龜呢？

……是啊。烏龜看的是終點。萬一烏龜當時是看著兔子，牠可能會因為看到兔子在睡午覺，也忍不住跟著一起休息了。然而，烏龜並沒有那麼做。因為在烏龜眼裡只有終點。

聽完這件事後，我不禁思考了一下自己究竟是兔子還是烏龜了。」

朋友聽我說完這個故事，便在一個月後開始戒菸了。

你可能會覺得很神奇，納悶我的朋友為什麼會在聽完故事之後開始戒菸。

關於這個原因，其實是我在最後捫心自問「自己是兔子還是烏龜」的問題發揮了蔡氏現象，讓朋友也跟著我一起思考的緣故。

一般對於龜兔賽跑通常會有「烏龜比較了不起！」的刻板印象，所以我讓朋友「自己」做出「像烏龜那樣看著終點」＝「為了健康未來而戒菸」的結論，最後決定開始戒菸。

如果你想讓對方親自下決策，記得不要直截了當地說出口，而是讓對方聽聽埋了「大道理」的故事。雖然這個難度有一點高，還是希望你可以挑戰看看。

本回的心理術▼**「隱喻蔡式法」**

直截了當的建言無法觸動人心，但「故事」辦得到。

檔案 36

父親總是喜歡氣勢洶洶地警告我，有沒有什麼方法可以避開這種情況呢？

害父親擔心我也覺得很內疚，
可是我真的受不了他大呼小叫。

投稿者　候鳥

回答

光是會對父母「感到內疚」，我就覺得你很了不起了。為人父母的我不但十分欣喜，也很高興知道日本還有這樣的年輕人，所以我很樂意傳授這個心理術給你。

「模仿聲音」！

如果要避開大呼小叫，最好的方法就是模仿對方的大音量。具體來說就是配合對方，發出完全一致的「語速和音量」。

以你提到因為回家比較晚，被父親大聲提醒的煩惱為例。你父親是這麼大吼的吧：

「你以為現在幾點了啊!!!」

被這麼凶了之後，因為敵不過父親的音量和聲勢，你只能含糊不清地小聲說：

「今天打工比較晚下班啊，用不著那麼大聲我也聽得見啦……」

你是不是光要說出這句話就費了好一番勁呢？又或者你其實是一語不發也說不定。

從心理學的角度來看，這是最糟糕的答覆方式。

如果用含糊不清的微小聲音回應大呼小叫的對象，由於音量和氣勢有懸殊差距，會讓對方不自覺間認定「自己被人看不起」（因為在人的心理機制中，會無意識地偏好「與自己相同的事物」，以及敵視「與自己有懸殊差距的事物」）。

於是對方便會像那樣說出「你那是什麼口氣！」，更激動地用大小聲來回話……結果到頭來，就變成只是讓父親更為惱怒而已，這樣的對話實在教人遺憾！

我希望你不要這樣做，而是以「模仿聲音」來對付大呼小叫。

你必須學著以相同的語速和音量來回覆對方。

若以前面的狀況為例，就像是這種感覺：

「你以為現在幾點了啊!!!」（對你大小聲。）

「今天打工比較晚下班!!!對不起!!!」（以同樣音量大聲道歉。）

只要這麼做，對方便會在轉瞬間停止大呼小叫的口氣。

其實我在處理客訴的時候，就會用「模仿聲音」的方式來回覆大聲怒吼的客戶：「非常不好意思!!!」因為用「模仿聲音」來應對，比較能夠快狠準地處理客訴。

就當成被騙一次也好，請你務必試試看這個方法。

本回的心理術▼**「聲音模仿」**

發出相同的音量和語速，就是平息對方怒火的祕訣。

檔案 37

我的女友一發脾氣就會揮舞鈍器，真的非常可怕。我想治好她一生氣就動手的習慣。

有什麼方法能夠讓我平和地與她對話嗎？

投稿者　猩熊

回答

這……真的很恐怖耶。從「鈍器」的字面和發音，便能讓我想像出毀滅性的結局。為了你的安全，我會全力以赴幫你解決。

首先要告訴你的一件事，就是**「要以言語的外力來改變一個人的習慣相當困難」**。

例如你對習慣抖腳的人說：「這個習慣會讓你看起來心浮氣躁，最好戒掉比較好。」請問你覺得對方就不會再抖腳了嗎？

不可能對吧。

對方八成會不悅地表示：「這我也知道，但還是會忍不住抖啊。」不然就是惱羞成怒地說：「要是能戒，我早就戒了啦！」無論如何，想必大部分的人都會開口反駁吧（這個現象稱為「心理抗拒」）。

也就是直接要求對方改正習慣的方法，最後會帶來反效果。

這時候該登場的就是——

「未來世界」！

這個心理術是透過言語，讓對方寫實地想像該行為會引發多悲慘的「未來世界」。

我曾在日本電影中，看到被罪犯拿刀指著的主角連珠炮似地說：「你知道傷了我之後，會有什麼刑罰在等著你嗎？」最後成功讓對方收手的場景。

這就是「未來世界」的最佳範例。

若套用在這次的案例，**在女友氣到拿起鈍器的瞬間，就請你像機關槍一般，將之後會發生的弊害滔滔不絕地說給她聽**。

假設你現在待在女友的房間，你就像這樣對她說吧：

「你確定要朝我揮舞那個鈍器嗎？如果落到我的肩膀，我的鎖骨肯定會碎成一片。我會很痛，痛得要命，八成會痛到滾來滾去。這時候當然會撞到書櫃，讓書散落在一地；還會撞到櫥櫃，讓餐具全都飛出來裂成碎片，房間裡到處都是餐具碎片，收拾起來肯定很累。不，只是打到肩膀還是小意思，如果打到的是頭呢？我的頭絕對會破一大洞，而且頭部布滿了許多血管，到時候想必會噴血，肯定會噴出大量的血。多到嚇死人。這個房間會變成一片血海哦，你踩在腳下的地毯也會染成血海。不，不光是地毯，血甚至會滲過地毯，在地板留下痕跡。最後到底該怎麼清理呢？你無所謂嗎？」

如果女友能夠寫實地想像出「未來世界」的弊害，我想她一定會輕輕放下那只鈍器。而且這個想像會繼續留存在腦海中，讓她逐漸戒掉習慣動手的毛病。

本回的心理術▼**「未來世界」**

腦海中的寫實想像能夠控制人的行為。

檔案 38

我是名沒有出櫃的同性戀。雖然我看似健談，但其實我一點也不想跟任何人聊黃色話題。

請教我不會破壞氣氛，
又能自然轉移話題的技巧。

投稿者　別管我

回答

一群男人聚在一起黃湯下肚之後，的確有很高的機率會大開黃腔（我身為男性，總覺得很不好意思）。而你雖然難受，仍然以保持現場氣氛為優先，讓我深深感受到你的善良。

請交給我吧，我要傳授給你的心理術是——

「提高層次」！

所謂的「提高層次」，指的是「將話題的抽象度提高一或兩個層次」。

比方來說，假設大家在你面前聊著「吉娃娃」好了，可是你卻對「吉娃娃」一點興趣也沒有，心裡只想著要趕緊改變話題。

這時候你就提高一個層次的抽象度，將「吉娃娃」的犬種抽象化，把話題轉移到「狗」吧（如果你不太懂「抽象度」的概念，可以想成是「擴大話題的範圍」）。

就像這種感覺：

「啊，原來吉娃娃有這種習性，我以前養過柴犬，沒想到同樣都是狗，竟然會差那麼多耶，那〇〇〇又是如何呢？」

如此一來，原本一面倒向「吉娃娃」的對話，便順理成章地換到含括吉娃娃和柴犬在內的「狗」，這樣不但不會破壞氣氛，同時又能轉移話題（如果最後話題還是集中在吉娃娃身上，那就「再提高一個層次」，將話題帶到「寵物」）。

那麼，讓你煩惱的黃色話題又該怎麼處理呢？

假設大家正在大聊特聊胸部好了。

你不妨用下述範例的方式「提高層次」，將話題轉移為明星藝人如何？

「是哦，原來她的胸部那麼大啊。話說聊到胸部，一定會想到〇〇（明星的名字）吧，她最近好像要主演連續劇。」

你這時候的目標，就是自然而然地換成明星藝人的話題，讓大家在轉眼之間聊起明星本人的八卦。

你甚至也可以往誇張過頭的方向「提高層次」，具體來說就像這樣：

「說到胸部，你們聽過『胸部占卜』嗎？現在好像很流行。起初是有一首叫做『罩杯占卜』的歌，之後又延伸出一個算命網站，只要填上出生年月日，就會算出你的罩杯尺寸。話說我試了之後啊，我竟然是G罩杯耶（笑）。大家也玩玩看嘛。」

像這樣聊了之後，大家首先會去嘗試「胸部占卜」，接著你就可以順著這個氣氛，若無其事地將話題換成「無聊的占卜」或「個性診斷」了（提高抽象度，把胸部話題擴及到「用胸部進行個性診斷」）。

總之你只要記得**想改變話題的時候，不是平行轉移到其他主題，而是要「往上提高層次」**，如此一來，就不會破壞現場的氣氛了。

本回的心理術▼**「提高層次」**

想要若無其事地改變話題時，就將抽象度提高一或兩個層次。

檔案 39

平淡的校園生活就快結束了，最後我想在畢業典禮上扭轉自己的形象。

請告訴我即使個性懦弱的自己也辦得到，可以一擊扭轉形象的方法。

投稿者　黑色烈焰

回答

一擊扭轉形象！人還是有夢最美了，你那股幹勁也震撼了我的心。

讓我馬上來回答你吧。如果想一擊扭轉形象，那你就做出大部分的學生「沒有實際說出口，只在心裡默默期望」的事吧！

比方來說，假設學校有個會利用教師身分糾纏學生且評價很糟糕的老師，你就抓住會讓他氣到昏倒的把柄，並在全校學生面前揭發出來，讓他顏面掃地。

如果你想做陽光一點的事，可以利用一個晚上的時間，在校園內畫出所有畢業生的人物肖像也不錯。

不要用自己的視角去思考「我這樣做，會不會看起來很帥？」，而是要想「我這樣做，大家應該會很開心吧」，去研究如何為同學帶來快樂才是重點。

請你一定要努力嘗試看看！

話雖如此，這其實很難達成吧?!

必須要有十足的勇氣和努力，才能實際做出這麼有震撼力的事，所以你可能會退縮說：**「我辦不到這種事啦……」**

請放心，任何人在面對巨大挑戰的時候都會變得懦弱，再提供一個心理術能讓你克服這個障礙，那就是——

「一步一腳印」！

人的心底埋藏著「愈接近目標，愈能體認其價值」的心理機制。所以只要感受到價值，想要堅持到最後的意志也會趨於強烈，讓你在最後成功達成目標。

面對眼前的巨大目標，就算你不敢立刻一邊衝一邊喊著「看我的！」也無所謂。**在通往巨大目標的路途上，只要設定幾個容易實現的微小目標，再「一步一腳印」地逐項完成，便有很高的機會可以美夢成真。**

假如你想用「一步一腳印」的方式，來完成「利用一個晚上的時間，在校園內畫出所有畢業生的人物肖像」，這段過程就如下列所示：

- 首先在筆記本上畫出班上男生的肖像。
- 接著畫出班上女生的肖像，再慢慢畫到別班的學生。
- 畫完所有人後，在大開的紙上描繪預計在校園作畫的設計圖。
- 完成設計圖後，實際在校園內畫出其中一人的肖像並計算作畫時間。
- 調整設計圖，讓自己有辦法用一個晚上完成。
- 由於會動用到校園的空間，記得事先瞞著同學與老師商量並請求協助。
- 調整好身體狀況，為當天做足準備。

你覺得如何呢？

只要「一步一腳印」地慢慢接近目標，是不是就覺得自己辦得到了呢？

期待你一擊扭轉自己的形象！

本回的心理術▼**「一步一腳印」**

若要完成遠大的目標，記得先設定幾個容易實現的小步驟。

檔案 40

我該如何委婉地問出男友的實際存款呢？

最好是能在日常對話中若無其事地問出來！

投稿者　槓上開花

回答

我已經強烈感受到你想委婉表達的溫柔心意了。能有一個像你這樣的貼心女友，你的男友真是幸福啊！

放心交給我吧！我就告訴你一個能讓對方不知不覺說出真相的心理術——

「隔壁真相」！

這是運用一個名叫**「隔壁約翰」**的談話技巧，以及稱為**「相互自我揭露」**的心理現象。我先來分別說明一下。

所謂「隔壁約翰」的心理術，就是利用「隔壁約翰有說過……」的表達方式，將自己想說的話當作是從第三者身上聽來的一樣（因此又稱為「第三者話術」）。

在心理機制的影響下，人會毫無抵抗地傾聽「第三者的故事」，所以這個話術最適合用來閃避對方的戒心。

比方來說，假設你的男友想養鬣蜥，而你卻極力反對好了。

「聽說只要養了鬣蜥，就有辦法了解人心耶。所以很多養鬣蜥的情侶都很甜蜜的樣子。吶，我們要不要也養養看？」

如果此時男友這麼說，你會覺得如何？

會不會認為「他為了養鬣蜥，嘴上盡說好聽的話」？

那麼在同樣的場景下，來試著使用**「隔壁約翰」**看看吧。

「你還記得我有個朋友叫岸吧，和女友感情很差的那個，對對對，就是那傢伙。聽說他一養了鬣蜥，就突然和女友變得甜蜜蜜的。正常人看到都會好奇嘛，所以我跑去問他，結果啊，他說只要了解鬣蜥的心情，也會頓時明白女友的想法，讓他覺得自己要更珍惜女友。所以他們現在才會這麼甜蜜……沒有啦，其實我也不太相信，鬣蜥怎麼可能有那種力量。所以，我們要不要乾脆也來養一隻來測試真假？」

你覺得如何呢？

和先前的說法相比，你是不是會心想「好像也不是不能養」，變得心軟一點了呢？

「隔壁真相」就是利用這種「隔壁約翰」的話術，進一步去影響**「相互自我揭露」**的心理現象。

現在我來說明一下默默登場的新名詞「相互自我揭露」。

坦承自己的煩惱、闡述未來的夢想、吐露心底的真心話，像這樣將極具隱私的私事告訴他人，這種行為就稱為「自我揭露」。

聽到他人「自我揭露」之後，會讓人不禁覺得「既然你都跟我說了那麼多，我不也說一點的話就太過意不去了」，並針對相同話題或主題說出極具隱私的私事——這就是「相互自我揭露」。

換言之，**只要自己率先吐露私事，對方也會比較容易針對相同話題來自爆。**

那麼接下來，就實際在你的案例上使用「隔壁真相」看看吧。

比方說可以像下述這樣試試看。

「你還記得我有個朋友叫A子吧，她平常很黏男友嘛。可是聽說他們最近大吵了一架。說到吵架原因，其實只是A子想知道『現在兩人加起來大概有多少存款』。她沒想太多就開口問男友：『你現在實際上有多少存款啊？』結果她男友好像就大發雷霆，對她說：『這是我的個人隱私，幹嘛要告訴你！』

A子似乎受到很大的打擊。可是我當下聽完後，不小心脫口說出『你男友的度量真小』。結果A子突然站在她男友那一邊，跟我說：『既然你把我的男友講成這樣，那你也去問問自己的男友啊？』

我自己當然是一點也不在意，你看，這是我現在的存款。」

你就像這樣說得輕描淡寫，並同時秀出存款簿那些具有可信度的證明。

只要你的男友持有正常心態，彼此關係又沒有陷入泥沼的話，他十之八九會說「我的存款是多少來著……」，然後乖乖坦承自己的存款數字。

最大的關鍵，就是要假裝「自己是臨時起意提及」。

當你的態度多了一份嚴肅，男友便會開始揣測背後的真意，讓「隔壁真相」失去效用。

請你表現得像是「順便提到」一樣，一派輕鬆地開口問問看吧！

本回的心理術▼**「隔壁真相」**

藉由第三者的故事來自我揭露，就能打開對方的心房。

檔案 41

請教我絕對不會吵輸人的方法。

我！絕對!!不能輸!!!

投稿者　STD

回答

真是個簡潔又**強大的煩惱**……讓人聽得好痛快，我太喜歡了。

我馬上來回答你吧。

說到百戰百勝的方法，便會想到宮本武藏。

人人都知道武藏畢生在比劃劍術的決鬥中，從來沒有輸過一次。你知道為什麼嗎？

沒錯！

因為在面對贏不了的對手時，他都會說：「今天日子不好，我們擇日再戰。」

當然他也從來沒有擇日再戰過，換言之，「他只與自己有勝算的對手決鬥」。這就是

武藏生平從來沒輸過的原因。

所以，如果你不想吵輸人的話，

那只要不吵架就行了！

……沒錯，我很清楚，

你要找的並不是這種答案對吧？

因此，我準備了這個心理術——

「Lose To Win」！

說得極端一點，並不是只要辯贏或駁倒眼前的對象就能在吵架中成為贏家。

你的最終目的，其實是要得到如願以償的結果。

（→這一點特別重要！）

比方來說，假設同事拜託你處理某項工作，但是並沒有清楚說明交件日是什麼時候，

於是就在你安排好活動，滿心雀躍的某天傍晚……

「上次拜託你在今天以前提交的工作完成了嗎？」

如果同事這麼問你，你會有什麼反應呢？

你一定會覺得「啥？」對吧。接下來，你會這麼回答他：

「我的確接下了那項工作，但我根本沒聽說要在今天以前完成，而且我晚點還有行程，今天沒辦法處理。幫我延到明天吧。」

此時同事表示：

「我真的有說喔，我當時還有把自己提到交件日的事情筆記下來。要是今天沒完成的話就慘了。吶，你留下來加班啦。這是你自己闖的禍！」

這與其說是在吵「有說過」或「沒說過」，其實已經變成一場爭執了……。

好了，接下來我要出題了。

如果是你的話，你會說服同事**同意「什麼」呢？**

我們經常犯的錯誤，就是想設法讓對方承認「自己沒有提到最晚要在今天交件」。

當然在情緒上，你一定很想針對這個問題辯贏對方，這對身而為人的你我來說是很正常的心態。

不過，請你退一步思考看看。

如果你辯贏了同事，對方會有什麼感覺呢？

他不但會很不甘心，也會火冒三丈，甚至還有可能對你心生恨意。在這個時候，就算你當天如願地參加了活動，最後仍有很高的機率會「信用折損」……。

在這個結果下，我無法宣布是由你「獲勝」。

我認定的「勝利」是**不影響對方的情緒，同時又能使自己如願以償**。

所以請你使出「Lose To Win」，讓自己乍看像是「輸了」來取悅對方，再趁機奪得「盼望的結果」吧。

如果以剛才的情形為例：

「沒記下日期是我錯了，這是我的疏忽。大概是我最近這陣子要處理太多工作，集中力變低了吧。真的很抱歉！話說我要是以這個狀態處理你的工作，品質一定會下降，反而會為你帶來困擾。畢竟是你拜託的工作，我也不想隨便交差，我希望能夠做到盡善盡美，所以你等我到明天早上吧。今天讓我好好提振精神，明天早上我會早點進公司處理。能不能麻煩你幫忙通融一下？」

請你就像這樣和對方商談看看吧。

要在眼前的爭吵或論辯中主動讓步，我想你一定會很不甘心，內心也五味雜陳吧。這時候請你不停在心裡默念「Lose To Win」，寫實地想像即將到手的「成果」。

其實這個社會是**「輸即為贏」**。

因為真正的贏家，才懂得「輸的方法」。

本回的心理術▼**「Lose To Win」**

真正的勝利是可以討好對方，自己又能獲得「成功結果」。

第5章介紹的暗黑心理術（總整理）

「眼觀耳聽」

▶▶言語可以修飾，但是表情和語氣會透露「真正的心聲」。

「致命的視覺傳球」

▶▶不時「映入眼簾」的東西會對人帶來強烈影響。

「隱喻蔡式法」

▶▶直截了當的建言無法觸動人心，但「故事」辦得到。

「聲音模仿」

▶▶發出相同的音量和語速，就是平息對方怒火的祕訣。

「未來世界」

▶▶腦海中的寫實想像能夠控制人的行為。

「提高層次」

▶▶想要若無其事地改變話題時，就將抽象度提高一或兩個層次。

「一步一腳印」

▶▶若要完成遠大的目標，記得先設定幾個容易實現的小步驟。

「隔壁真相」

▶▶藉由第三者的故事來自我揭露，就能打開對方的心房。

「Lose To Win」

▶▶真正的勝利是可以討好對方，自己又能獲得「成功結果」。

Black
Life
Counseling

[第6章]

暗黑毒雞湯

想獲得幸福篇

檔案 42

我從以前開始就被騙過好幾次，請問該怎麼做才不會上當呢？

不管是「假帳單詐騙」、「投資詐騙」或「介紹門路詐騙」，我全部都上當過……

投稿者　候鳥

回答

上當受騙……我年輕的時候也曾經被騙得很慘（詳細經過請參考拙作《金錢狂潮》（暫譯））,所以我能切身體會你的痛苦。就讓我把這個心理術傳授給你吧——

「滅欲之刃」！

首先我希望你記住一件事，那就是**「最近的新興詐騙很難看穿」**。

說到近年頻頻出現受害者的詐騙，最具代表性的就是接起電話後直說「是我啦」的電話詐騙吧。

一般認為這種詐騙好像已經行之有年，但其實都是最近才出現的犯罪手法（我有個朋友以前是警察，他說當年幾乎沒有電話詐騙）。

為什麼以前沒有電話詐騙呢？其實是因為人有辦法僅憑對方的聲音來判斷「他現在說的話奇不奇怪」。多數人能感受到電話另一端的人聲散發出「隱約的可疑氣氛」，所以會在上當之前掛掉電話。

然而近年的詐欺師則是能夠反過來利用這個能力。

具體來說就是瘋狂練習，讓自己不要散發任何「可疑氣氛」。

於是現在的詐騙就變得難以看穿，不管我們再怎麼小心，上當的機率還是比以前高多了。

那麼，我們該怎麼做才不會受騙呢？

在英國有個名叫亨利・奧伯蘭德（Henry Oberlander）的詐欺師。

據英國當局的說法，奧伯蘭德是個有能力破壞西歐多國的銀行制度並且聰明絕頂的詐欺師。

曾經有人問他「你到底用了多少技巧和手法在騙人」，而他則是這麼回答：

「我的手法只有一個，就是『為了實現自己的願望，人人都甘願付出』的法則。」

「為了實現自己的願望，人人都甘願付出。」

這個道理就是詐騙的本質。

詐欺師會從這裡趁虛而入，設法利用「你的願望」。

想變得更有錢、想變得更聰明、想掌握更多權力，

想變得更帥、想變得更可愛、想變得更自由……

我們的願望永無止盡。

擁有願望當然不是壞事，人要懂得懷抱希望，才有辦法向上進步。只是詐欺師會趁機利用這個弱點。

如果你不想遇到任何詐騙，就拿出「滅欲之刃」指向自己。

看是要捨棄願望，還是做好絕對不會被誘惑沖昏頭的決心。

我的口氣雖然嚴厲，但也只有「滅欲之刃」才能保護你不受詐騙所苦。

本回的心理術▼**「滅欲之刃」**

看到有人想利用你的「願望」，就要懷疑這可能是一場騙局。

檔案 43

自從知道自己無法生小孩後，被親人追問的時候都讓我好痛苦。

請告訴我不會再被人逼問的方法。

投稿者　紅鳥

回答

這簡直就像是在傷口上撒鹽一樣，我很能理解你的痛苦。

沒想到你竟然可以沉住氣，冷靜應對這個場面，為了聊表我對你的敬佩，我就來傳授這個心理術——

「希望包圍網」！

人會在毫無惡意之下，對於當下或過去發生的事情（尤其是針對與自己關係親近的人）提出毫不避諱的赤裸問題。

因為當事人深信自己是**「為對方著想」**，但同時又會強硬地提出滿足好奇心或自以為是的問題和意見。

假設你正在為了減肥而戒酒好了。

幾個聽聞此事的酒友告訴你：「要是強迫自己戒酒，反而會因為壓力發胖。」

或是跟你說：「不然就喝燒酒或威士忌之類的蒸餾酒就好啦！」

這種被干擾戒酒的場面應該不難想像吧？

針對這些發言，你可以在言談中加入結婚的**「未來藍圖（希望）」**這麼回答：

「我發誓一定要在明年嫁出去。我想說自己必須積極一點，才會為了減肥而開始戒酒。我總覺得只要持續戒酒，好像就能成功找到好對象。」

戒酒在這個時候與結婚產生了連結，所以要是對你說「不要戒什麼酒啦」，便等同於在告訴你「不要結婚啦」。

因此，如果當事人愈殷殷期盼著結婚（希望），其他人對於戒酒的舉動就愈無法發表質疑或反對意見了。

希望你也可以用用看這招「希望包圍網」。

具體一點來說，你不妨可以買些護身符分送給親人，然後這麼告訴大家：

「這是求子的護身符，我相信奇蹟一定會發生，請大家務必把力量借給我。」

或者也可以說：

「我們在考慮收養子女，可是收養子女是不是很難啊？你有認識的人脈嗎？」

這些話也具有絕佳效果。

反正只要**讓其他人看到你對生孩子這件事抱持希望，描繪著迎接孩子的藍圖，這樣就能阻止大家問你為什麼無法生孩子了。**

即使說的是假話當然也無所謂。

請你儘管對他們暢談你充滿希望的藍圖吧。

本回的心理術▼**「希望包圍網」**

滿懷希望的言論可以堵住對方的嘴。

檔案 44

我是個缺錢的研究所學生，平常在風俗業掙錢討生活，每次聽到有人說「不要做這種見不得人的工作」就讓我覺得煩。

有沒有方法能讓這群傢伙閉嘴呢？

投稿者　阿芙蘿黛蒂

回答

職業無貴賤，給那些說三道四的人一點顏色瞧瞧吧。你可以運用的心理術就是——

「讀心師面具」！

請你戴上讀心師的面具，精準地讀出對方的心聲吧。

當你準確地說中之後，對方一定會訝異地想**「你怎麼會知道！」**這時候請你繼續這麼對他說：

「從事風俗業這一行後，我開始變得很懂人心了。我覺得這個能力有助於我的人生……不！是一定能幫助我開拓人生。因為做了風俗業，我才有辦法學到這一課，真是太感謝風俗業了～」

因為對方前一刻才被你說中心聲，你的這番話變得特別有說服力，大家以後想必也不敢再對你的工作指手畫腳了。

現在最大的問題，就是如何像讀心師那樣準確地看穿人心，其實這有一個相當簡單的訣竅。

在十九世紀的美國，有位名叫費尼爾司・泰勒・巴南（Phineas Taylor Barnum）的人物。當時他因巧妙地操控人心，而讓馬戲團的表演大獲成功。

他所做的就是煞有其事地說出「**能套用在任何人身上**的個性或特徵」。雖然只是重覆幾句固定台詞，但只要自信滿滿地開口，假裝自己真的在**「讀你的心」**，便會讓對方誤以為「咦？你怎麼會知道」（這個現象以巴南的名字來命名，在心理學中稱為**「巴南效應」（Barnum Effect）**）。

你或許會覺得「這怎麼可能」，但如果有人對你說出下述的話，你會有什麼想法呢？

「你現在正想改變什麼，抑或是想讓自己有所變化吧？」

「你開始著手籌備自己的未來，或是已經在腦中做起模擬準備了吧？」

「人際關係為你帶來了壓力，但你正在努力克服對吧？」

「你偶爾會猛然在意起自己買了卻沒讀的書吧？」

「你最近與好久沒見的友人聊得很熱絡吧？」

你覺得如何？

是不是覺得有幾句話讓你驚覺：「咦？你怎麼會知道！」

重點是要「自信滿滿」、「看起來真的像在讀心」＝戴上讀心師面具來說話。

雖然這多少需要一點演技，但只要順利唬到人，就能看到對方的眼神從輕蔑轉為崇拜，讓你嘗到十足的快感。希望你多加練習，實際嘗試看看。

本回的心理術▼**「讀心師面具」**

即使是一般理論，只要擺出一副「我正在說你」的模樣，就會讓人以為自己被看穿了。

檔案 45

我想嘗試新的挑戰，卻不敢跨出第一步。

大家總是輕蔑地看著膽小的我，
我覺得自己快要瘋了……

投稿者　贖罪之刃

回答

我也曾像你一樣落入相同的深淵，所以我非常明白你的心情。

為了這樣的你，我要傳授的心理術就是——

「自我意識剋星」！

你聽過貝瑞・曼尼洛（Barry Manilow）嗎？

他是一位美國歌手，在1970年代接連推出《科帕卡貝娜》（Copacabana）、《曼蒂》（Mandy）、《我寫了一些歌》（I Write the Songs）等膾炙人口的名曲。

然而歲月實在殘酷，到了2000年時，他已被世人視為跟不上時代的歌手了。

康乃爾大學的心理學教授湯瑪斯・吉洛維奇（Thomas D. Gilovich）博士，便利用貝瑞・曼尼洛進行了下述實驗。

1. 讓一名學生穿上印有一大張貝瑞・曼尼洛照片的T恤（被一般人視為「老土」的T恤）。

2. 安排這名學生前往某間教室，教室裡聚集了來處理其他作業的學生。
3. 向穿著貝瑞・曼尼洛T恤的學生詢問：「你覺得有多少人注意到這件老土T恤？」
4. 調查這名學生與現場其他人的認知有多少差異。

在實驗的最後，穿著T恤的學生回答：「大約有50％的學生看到我身上這件老土T恤。」然而，實際上只有25％左右的人注意到T恤。

更有趣的是，向觀看這段過程影片的學生詢問同樣問題：「你覺得有多少人注意到這件老土T恤？」大家的答案是「差不多25％吧」。換言之，只有穿著T恤的當事人認為「大約有一半的人注意到T恤吧」。

根據這個實驗結果，吉洛維奇博士表示：**「一般人都容易有自我意識過剩的傾向」**。

也就是說，雖然你（以及我）以為「大家瞧不起沒用的自己」，但其實這個認知「只是自己會錯意而已」，這時候就請你使出「自我意識剋星」吧。

讓你害怕「失敗會被人嘲笑，失去他人的信任」，導致裹足不前的原因，簡單來說都是出自於「錯覺」（害怕失敗，不敢貿然行動的心態在心理學中稱為**「高估負面評價」**）。

你一點也不需要這種自我意識！

縱使失敗，大多數的人根本不會那麼關注你或我的事，所以你大可放輕鬆，盡情嘗試各種挑戰吧！（我的夥伴啊！）

本回的心理術▼**「自我意識剋星」**

其實其他人不如你想的那麼在乎你，所以請你儘管勇往直前。

檔案 46

我是準備開始找工作的學生，自己對於工作的類型和領域都沒有特別要求，但我希望可以透過工作得到幸福。

這樣的我該以什麼基準來找工作呢？

投稿者　GIGI

回答

能得到幸福的職業……請問你覺得那會是什麼樣的工作呢？

收入高的工作？

充滿成就感的工作？

可以獲得評價和名聲的工作？

能與朋友或家人一起從事的工作？

所有答案都是ＮＯ。

這是美國印第安納大學透過研究得出的結果。

研究人員分析了自１９８０年代起，三十三件有關「知性與幸福」的研究（取自五萬人份的資料）並調查「從事什麼職業的人會感到幸福」，最後發現與人生滿意度息息相關的不是「金錢」，不是「假期」，不是「成就感」，不是「名聲」，不是「評價」，也不是「工作環境」。

而是**「工作的複雜程度」**。

透過研究結果的整理，可得知像是「需要結合各種能力才能勝任工作」、「工作負擔特別沉重」、「自己有多少控管工作品質的權限」等具體內容，都是攸關幸福的重要元素。

換句話說，有沒有選擇必須具備各種能力，作業內容稍微複雜的職業，會左右自己在工作中得到的幸福感。這就是——

「甜蜜的負荷」！

如果想經由工作得到幸福感，就不能選擇輕鬆的職業。

請尋找能為自己帶來壓力，內容稍微複雜一點的工作。

只不過要憑著自己的意志，持續主動挑戰稍難的工作並不容易。

所以，我推薦「會強制把有點棘手的工作交給你處理」的職場環境。

如果有公司願意配合，將「需要結合各種能力方得勝任的工作」或是「負擔特別沉重的工作」交給你處理，你一定就有辦法嘗到幸福的滋味。

但要是到黑心公司上班，即使內心能體會到幸福感，身體依然會吃不消的。

總之就是鎖定會時常託付自己負責較困難的作業，但又不是黑心企業的工作。

祝福你能找到最適合自己，具有理想工作環境的職業。

本回的心理術▼**「甜蜜的負荷」**

若想透過工作獲得幸福，就選擇負擔有點沉重的職場環境。

檔案 47

有什麼不用詛咒人就能消氣的方法嗎？我好想放下內心的暗黑想法。

請告訴我就算是再怎麼沒用的人，
也一定學得會的簡單方法。

投稿者　井底之人

回答

深刻到想詛咒人的滿腔怒火和憤怒……我很能明白你的痛苦。我年輕時曾在東南亞的小島向法師拜師學藝，實際詛咒過人、也被詛咒過，所以我十分能切身體會到你那份「想擺脫恨意」的心情。

下次想詛咒人的時候，請你使用這個簡單的心理術——

「詛咒計量」

來平撫心情。

當自己快被情緒吞噬時，想辦法恢復理智是最常見的解決方法。

若要恢復理智，最好用的做法就是**數值化**了。具體來說，就是將想詛咒對方的心情劃分為十個等級（詛咒等級最高為十）。

數值化之後，就想想看該用什麼手段來解決吧。

例如「被騙錢」、「長年創作的小說遭到抄襲」、「性騷擾或職場霸凌，在學校被欺負」等等，你可以求助於警察或找律師商量，抑或是向願意挺身相助的團體組織尋求建言，這些舉動都有機會讓你開拓出一條解決煩惱的路。

不只如此，**為了解決問題而採取的現實思考與行動，也可望有效降低「詛咒計量」的數值**。有不少人實際嘗試後，甚至能將數值一口氣降到五以下，所以我建議你可以先試試看這個方法。

不過實際上，也是有不容易降低「詛咒計量」的案例。

例如「被情人狠狠甩掉」、「工作能力不如自己的同事更懂得取悅主管，成功出人頭地」等等，這種在現實中無法獲得解決的「情緒問題」。

「情緒問題」是渴望得到認同的心靈受到傷害，不停淌血的狀態。化為言語來說就是：「為什麼不肯定我？我明明做了那麼多努力！肯定我！肯定我！肯定我！不然我就詛咒你！」

然而，這個「**肯定我！**」的願望是絕對不會實現的。

正因為無法實現，才會起了詛咒的念頭，如果想獲得解放的話，就使出「詛咒計量」的心理術，將邪惡心情化為數值。

為了降低數值，**請你去做會讓自己開心的行動**。

像是吃點自己愛吃的美食。喜歡泡溫泉的話，就出門旅行。如果故事能療癒你的心情，你也可以去看場電影，或是看看漫畫也不錯。

你用不著一口氣往下降一個數值，慢慢設法從0.5開始調降。

只要堅持下去，想詛咒人的念頭有一天一定會消失。

手法雖然單純，但這是我直接從法師身上學來的實用方法，絕對保證有效。

本回的心理術▼「**詛咒計量**」

如果不想讓自己被情緒吞噬，就冷靜地把情緒轉化成數值吧。

檔案 48

如果只想學一種心理術，請問我該選哪個好呢？

請教我在各種場合上「最萬用的一招」！

投稿者　最後的選擇

回答

謝謝你提供了最適合作為本書結尾的煩惱。

如果只要選一個，我一定不假思索地選擇這個心理術，那就是——

「潛意識連結」！

身為日本讀心協會理事的我，目前已向三萬多人傳授了各種溝通技巧（包含線上教學在內）。結果到了最後，我察覺到一件事情。

無論是推銷產品、商談生意，或者是內部教育、簡報發表，甚至連約會的邀約也一樣，「對方是否會不自覺地對自己產生好感」具有關鍵的影響力。

具體來說，人會向「莫名討人喜歡的人」買東西，提出工作邀約，或是和對方出門約會（你是否也是如此呢？）。

這個**「莫名」**的情緒是不自覺產生的心態。

換句話說，如果你希望如自己所願，必須在潛意識世界獲取對方的好感，由此產生「潛意識連結」。

在本書的最後就從我曾經介紹過，各種有關「潛意識連結」的技巧中挑一個最簡單，同時也是最有效的一招給你吧。

那就是**「點頭」**。

加州州立大學的湯姆．蓋爾（Tom Guile）曾以「調查新款耳機的滿意度」為名目，利用一場假調查進行了實驗。

在實驗中告訴其中一組受試者「這款耳機專門用於慢跑，試用時請上下擺頭」，對另一組受試者則表示「這款耳機的設計適合騎機車或自行車時使用，試用時請左右搖頭」。

之後再詢問大家對於耳機的評價後，上下擺頭（點頭動作）的組別有69.6％覺得滿意，而左右搖頭（否定動作）的組別則只有46.6％覺得滿意。

在上下擺頭的時候，我們會不自覺地冒出好感，開始「莫名」覺得喜歡；在左右搖頭的時候，抗拒的情緒會逐漸強烈，開始「莫名」覺得討厭……這股無意識的力量當然要好好利用它！

即使只是看到別人點頭，也同樣具有點頭的潛意識效果，也就是在聽人說話的時候，只要途中不時點點頭，對方就會不自覺地在心中留下好感。

比方來說，當你同時在對好幾個人說話時，是否會不由自主地看向經常對你點頭的人呢？這是**因為你會對點頭的人「莫名」感到安心，產生好感**的緣故。

在聽人說話的時候，記得盡量用力點點頭。

而且如果可以的話，你也要盡量說出容易讓對方點頭的話。方法雖然簡單，用起來卻是效果十足，建議你絕對要試試看。

本回的心理術▼**「潛意識連結（點頭）」**

聽人說話的時候記得點點頭，讓對方不自覺地留下好感吧。

第6章介紹的暗黑心理術（總整理）

「滅欲之刃」
▶▶看到有人想利用你的「願望」，就要懷疑這可能是一場騙局。

「希望包圍網」
▶▶滿懷希望的言論可以堵住對方的嘴。

「讀心師面具」
▶▶即使是一般理論，只要擺出一副「我正在說你」的模樣，就會讓人以為自己被看穿了。

「自我意識剋星」
▶▶其實其他人不如你想的那麼在乎你，所以請你儘管勇往直前。

「甜蜜的負荷」
▶▶若想透過工作獲得幸福，就選擇負擔有點沉重的職場環境。

「詛咒計量」
▶▶如果不想讓自己被情緒吞噬，就冷靜地把情緒轉化成數值吧。

「潛意識連結（點頭）」
▶▶聽人說話的時候記得點點頭，讓對方不自覺地留下好感吧。

●結語

十分感謝各位讀到本書的最後。

這些各式各樣的煩惱，我全都努力找出解答了，不曉得有沒有為大家帶來收穫呢？然而無論要解決什麼煩惱，最不可或缺的就是「行動」。投稿者本人必須自己下定決心，實際展開行動才能化解。雖然一般人通常怯於行動，但我會為各位加油的。為了自己的幸福，希望你可以勇敢踏出那一步！

我在川崎FM電台的廣播節目雖然已經結束了，但我在語音部落格「Voicy」開設了新節目。在讀完本書之後，如果有讀者「想和我商量人生煩惱」，歡迎透過我在推特的提問箱與我聯繫（非常歡迎匿名投稿）。

期待大家的黑心煩惱哦！

令和2年10月吉日　岸正龍

Twitter ID 96156x

（「黑心X」的日文諧音）

● Special Thanks（敬稱省略）

川崎 FM 電台
MUSICBUNKER

飯田伸一
塚田紘一
森田幸江

在「暗黑毒雞湯」投稿諮詢的各位聽眾讀者們

● 日文版製作人員

書籍設計◎杉本欣右
封面／四格漫畫◎齊藤 IKUMI
內文設計／出版制作◎ SASSHII・FUAMU
編輯協助◎荻野守（OFFICE ON）／山田隆幸
企劃／責任編輯◎湯淺勝也

● 参考文献

『女性脳の特性と行動 —— 深層心理のメカニズム』（パンローリング株式会社）
ローアン・ブリゼンティーン・著／小泉 和子・翻訳

『すぐにヤラせてくれる女、絶対にヤラせてくれない女』（廣済堂出版）
内藤誼人・著

『しょっちゅうウソをつかれてしまうあなたへ』（主婦の友社）
パメラ・メイヤー・著／高橋 佳奈子・翻訳

『人の心は読めるか？——本音と誤解の心理学』（ハヤカワ・ノンフィクション文庫）
ニコラス・エプリー・著／波多野理彩子・翻訳

『血液型と性格の無関連性—日本と米国の大規模社会調査を用いた実証的論拠—』論文
縄田 健悟（京都文教大学）

メンタリストDaiGo『3分で読めるメンタルブログ』ニコニコチャンネル ブロマガ

清水建二『ハーバー・ビジネス・オンライン』執筆記事

國家圖書館出版品預行編目資料

暗黑心理術：竊取他人的心、支配對方行動，就是這麼簡單！／岸正龍著；許展寧譯. -- 初版. -- 臺中市：晨星出版有限公司，2021.12
面；　公分. --（勁草生活；484）

譯自：ココロを盗む！ブラック人生相談：あなたの黒き望み、"心理術"でかなえます!!

ISBN 978-626-320-001-2（平裝）

1. 應用心理學　2. 成功法

177　　110016278

歡迎掃描 QR CODE
填線上回函！

勁草生活 484

暗黑心理術：

竊取他人的心、支配對方行動，就是這麼簡單！

ココロを盗む！ブラック人生相談

作者	岸 正 龍
譯者	許 展 寧
責任編輯	王 韻 絜
執行編輯	姜 振 陽
校對	姜 振 陽 、 王 韻 絜 、 徐 淑 雯
封面設計	戴 佳 琪
美術編排	張 蘊 方
創辦人	陳 銘 民
發行所	晨星出版有限公司 407 台中市西屯區工業 30 路 1 號 1 樓 TEL：04-23595820　FAX：04-23550581 E-mail：service-taipei@morningstar.com.tw http://star.morningstar.com.tw 行政院新聞局局版台業字第 2500 號
法律顧問	陳思成律師
初版	西元 2021 年 12 月 15 日（初版 1 刷）
讀者服務專線	TEL：02-23672044／04-23595819#230
讀者傳真專線	FAX：02-23635741／04-23595493
讀者專用信箱	service@morningstar.com.tw
網路書店	http://www.morningstar.com.tw
郵政劃撥	15060393（知己圖書股份有限公司）
印刷	上好印刷股份有限公司

定價 350 元

ISBN 978-626-320-001-2

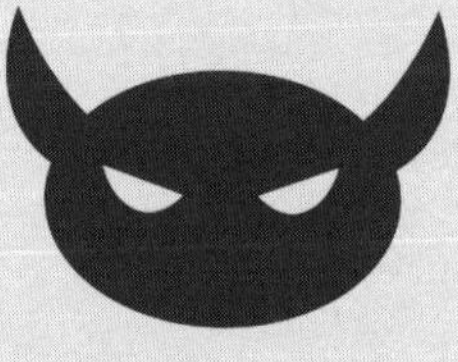